AF275159

COLEX

Disfrute gratuitamente **DURANTE UN AÑO** de los eBook y audiolibros de las obras de Editorial Colex*

- ⏩ Acceda a la página web de la editorial **www.colex.es**

- ⏩ Identifíquese con su usuario y contraseña. En caso de no disponer de una cuenta regístrese.

- ⏩ Acceda en el menú de usuario a la pestaña «Mis códigos» e introduzca el que aparece a continuación:

RASCAR PARA VISUALIZAR EL CÓDIGO

- ⏩ Una vez se valide el código, aparecerá una ventana de confirmación y su eBook y/o audiolibro estará disponible **durante 1 año desde su activación** en la pestaña «Mis libros» en el menú de usuario.

---

* Los audiolibros están disponibles en las ediciones más recientes de nuestras obras. Se excluyen expresamente las colecciones «Códigos comentados», «Biblioteca digital» y los productos de www.vademecumlegal.es.

No se admitirá la devolución si el código promocional ha sido manipulado y/o utilizado.

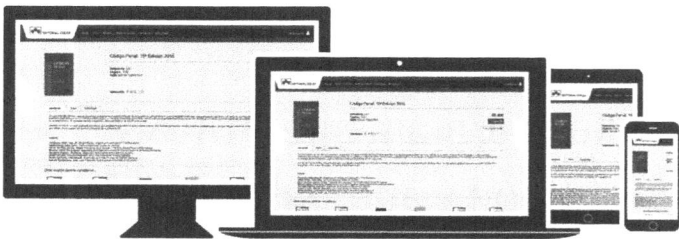

¡Gracias por confiar en nosotros!

La obra que acaba de adquirir incluye de forma gratuita la versión electrónica. Acceda a nuestra página web para aprovechar todas las funcionalidades de las que dispone en nuestro lector.

Funcionalidades eBook

Acceso desde cualquier dispositivo con conexión a internet

Idéntica visualización a la edición de papel

Navegación intuitiva

Tamaño del texto adaptable

Síguenos en: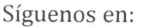

CONCILIACIÓN LABORAL

Todas las claves sobre la conciliación extrajudicial laboral como medio de resolución de conflictos

CONCILIACIÓN LABORAL

Todas las claves sobre la conciliación extrajudicial laboral como medio de resolución de conflictos

4.ª EDICIÓN 2025

Obra realizada por el Departamento de Documentación de Iberley

COLEX 2025

SUMARIO

0.
INTRODUCCIÓN

El acto de conciliación extrajudicial laboral es un procedimiento bastante habitual por el que tanto las personas trabajadoras como las empresas han tenido que pasar alguna vez, planteándose cuestiones como sus formalidades, plazos, efectos y consecuencias.

Siguiendo lo tratado en otras ediciones de la obra, esta guía pretende abordar de manera sencilla el mecanismo de conciliación previo al acceso a la jurisdicción social para la mayoría de las reclamaciones laborales adaptada, en esta ocasión, a las últimas reformas impulsada por el **RD-ley 6/2023, de 19 de diciembre y Ley Orgánica 1/2025, de 2 de enero.**

Ahora bien, para que el lector pueda conocer de inicio las reglas básicas que luego le permitirán comprender de un modo adecuado cuál es el funcionamiento y la mecánica del llamado acto de conciliación laboral y la profundidad de las reformas normativas sobre el mismo, se hace necesaria una primera aproximación, aunque sea sucinta, a los principales elementos que desarrollaremos en la obra:

1. La evitación del proceso en el orden social

La Ley 36/2011, de 10 de octubre, reguladora de la jurisdicción social (en adelante, LRJS), establece la exigencia del intento conciliadcr ante el servicio administrativo correspondiente o ante los órganos de conciliación que puedan establecerse a través de acuerdos interprofesionales o convenios colectivos, como requisito previo a la tramitación de cualquier proceso ante el órgano jurisdiccional.

En este apartado trataremos las dos vías de conciliación establecidas en la jurisdicción social, la conciliación extrajudicial (analizada en esta obra) y la conciliación judicial.

2. Cuestiones previas, órgano competente y partes de la conciliación

En este segundo punto analizaremos el órgano conciliador y la competencia territorial del mismo, las partes de la conciliación y su representación, la asistencia al acto de conciliación, los requisitos de la papeleta de conciliación y los efectos del resultado de la misma.

3. Obligación y excepciones de conciliación ante el SMAC

Las cuestiones que deben someterse a conciliación administrativa previa ante el SMAC son aquellas relacionadas con el contrato de trabajo suscrito entre empresarios privados y trabajadores, tales como despidos, sanciones disciplinarias, reclamaciones de cantidad, clasificación profesional, resoluciones de contrato a instancia del trabajador y conflictos colectivos.

La conciliación extrajudicial es obligatoria en los casos mencionados anteriormente. Sin embargo, están exceptuados del requisito de la conciliación previa los procesos que versen sobre seguridad social, impugnación de despido colectivo, disfrute de vacaciones, materia electoral, movilidad geográfica, suspensión del contrato y reducción de jornada, procesos monitorios, derechos de conciliación de la vida personal, familiar y laboral, iniciados de oficio, impugnación de convenios colectivos, impugnación de estatutos de sindicatos, tutela de derechos fundamentales y libertades públicas, anulación de laudos arbitrales, reclamaciones en materia de trabajo a distancia y acciones laborales de protección contra la violencia de género.

4. Presentación de la solicitud de conciliación y sus efectos

La presentación de la solicitud de conciliación o de mediación interrumpirá la prescripción o suspenderá la caducidad de acciones desde la fecha de dicha presentación, reiniciándose o reanudándose respectivamente el cómputo de los plazos al día siguiente de intentada la conciliación o mediación o transcurridos quince días hábiles desde su presentación sin que se haya celebrado.

En todo caso, transcurrido el plazo de treinta días hábiles sin haberse celebrado el acto de conciliación o sin haberse iniciado mediación o alcanzado acuerdo en la misma se tendrá por terminado el procedimiento y cumplido el trámite.

5. Celebración del acto de conciliación

El acto de conciliación se celebra ante el letrado conciliador del SMAC. Las partes deben asistir personalmente o a través de representantes. Si no comparece el solicitante, se archivará la papeleta. Si no comparece la otra parte, se tendrá la conciliación por intentada sin efecto. El resultado del acto de conciliación se recoge en un acta, que puede ser de avenencia o sin avenencia.

6. Impugnación de lo acordado en la conciliación

Lo acordado en conciliación puede ser impugnado tanto en su vertiente procesal como sustantiva. La impugnación se realiza mediante la presentación de una demanda ante el juzgado de lo social competente, alegando los motivos de nulidad o anulabilidad del acuerdo alcanzado.

7. Ejecución de lo acordado en conciliación

Lo acordado en conciliación constituye título para iniciar acciones ejecutivas sin necesidad de ratificación ante el juez o tribunal. La ejecución se lleva a cabo por los trámites previstos en el libro cuarto de la Ley de jurisdicción social, que contempla las normas relativas a la ejecución de sentencias.

RD-ley 6/2023, de 19 de diciembre: novedades aplicables desde el año 2024 para la conciliación extrajudicial laboral

Dentro de las novedades establecidas por el Real Decreto-ley 6/2023, de 19 de diciembre, por el que se aprueban medidas urgentes para la ejecución del Plan de Recuperación, Transformación y Resiliencia en materia de servicio público de justicia, función pública, régimen local y mecenazgo (BOE 20/12/2023), la conciliación extrajudicial en el orden social también se ha visto modificada por las novedades relacionadas con la agilización procesal a partir del 20 de marzo de 2024. (Novedades en la Jurisdicción Social tras el Real Decreto-ley 6/2023, de 19 de diciembre. Revista Iberley. 20/12/2023).

1. Excepciones a la conciliación o mediación previas:
   - Se añaden nuevas excepciones al intento de conciliación extrajudicial previa para el proceso monitorio, reclamaciones en materia de trabajo a distancia y acciones laborales de protección contra la violencia de género.
   - Se modifica la referencia a los procesos en los que sean demandados el Estado u ente público junto a personas privadas, especificando que la representación corresponda al abogado del Estado, letrado de la Administración de la Seguridad Social, representantes procesales de las comunidades autónomas o de las Administraciones locales, o letrado de las Cortes Generales .

2. Especificaciones de identificación para las partes que no hayan comparecido al acto de conciliación (o mediación) sin profesionales designados:
   - Se requiere que las partes que comparezcan sin profesionales designados aporten su número de teléfono, dirección de correo electrónico u otro medio idóneo para su comunicación telemática, realizándose las notificaciones en la dirección telemática facilitada.

3. Posibilidad de sancionar pecuniariamente al litigante que no acudió injustificadamente al acto de conciliación o mediación:
   - Se establece la posibilidad de imponer sanciones pecuniarias al litigante que no acudió injustificadamente al acto de conciliación o mediación, obró de mala fe o con temeridad, o cuando la sentencia condenatoria coincida esencialmente con la pretensión contenida en la papeleta de conciliación o en la solicitud de mediación. En caso de que el condenado sea el empresario, deberá abonar también los honorarios de los abogados y graduados sociales de la parte contraria, hasta un límite de seiscientos euros

Ley Orgánica 1/2025, de 2 de enero: novedades desde abril de 2025 para la conciliación extrajudicial laboral

Las medidas en materia de eficiencia del Servicio Público de Justicia impulsadas por la Ley Orgánica 1/2025, de 2 de enero, se han centrado agilizar los actos de conciliación judicial ante el letrado o la letrada de la Administración de Justicia, impulsando su labor y posibilitando que el acto de conciliación se celebre a partir de los diez días desde la admisión de la demanda y con una antelación mínima de treinta días a la celebración del acto de la vista. No obstante, las reformas también han alcanzado, en menor medida cierto es, la conciliación extrajudicial previa modificando los **artículos 65.1 y 2 de la LRJS**. Con efectos desde el 3 de abril de 2025:

1. Interrupción o suspensión de plazos de prescripción:

– La presentación de la solicitud de conciliación o mediación interrumpe la prescripción o suspende la caducidad de acciones desde la fecha de dicha presentación. Los plazos se reinician o reanudan al día siguiente de intentada la conciliación o mediación, o transcurridos quince días hábiles desde su presentación sin que se haya celebrado. Si transcurren treinta días hábiles sin haberse celebrado el acto de conciliación, se tendrá por terminado el procedimiento y cumplido el trámite.

2. Transformación de los Juzgados de lo Social:

– Los históricos Juzgados de lo Social se transformarán en Secciones de los Tribunales de Instancia correspondientes, como primer escalón en el acceso a la administración de justicia en el orden social.

1.
LA EVITACIÓN DEL PROCESO
EN EL ORDEN SOCIAL

La Ley 36/2011, de 10 de octubre, reguladora de la jurisdicción social refuerza la conciliación extrajudicial en el proceso laboral para agilizar el procedimiento. En este sentido, la STS, rec. 24/2002, de 12 de noviembre de 2002, ECLI:ES:TS:2002:7466, es un claro ejemplo de que el Alto Tribunal siempre ha tratado de potenciar el denominado sistema de «autocomposición» a través de «(...) la conciliación, la mediación y el arbitraje por considerar más ventajosos estos mecanismos que el acudir a la jurisdicción» y siendo más fácil en ocasiones, dependiendo de la complejidad del caso, acordar una solución por esa vía y no por la judicial. Tengamos en cuenta que cuando las partes tienen voluntad de negociar siempre es más sencillo llegar a un acuerdo.

Dentro del ordenamiento jurídico laboral, la Ley 36/2011, de 10 de octubre, reguladora de la jurisdicción social, establece la **conciliación extrajudicial, la que podríamos denominar intraprocesal y ante el juez o tribunal (una vez practicada la prueba y antes de las conclusiones):**

- La **conciliación extrajudicial (analizada en esta obra)**. Se puede definir como un proceso alternativo que se realiza ante un órgano no jurisdiccional (administrativo) y que busca resolver el conflicto de las partes afectadas, dando una solución pactada, sin necesidad de que un tercero decida sobre el asunto.

  En el procedimiento laboral, la conciliación es un **requisito preceptivo y obligatorio (en algunos casos) en virtud del art. 63 de la LRJS**. La importancia del requisito de la conciliación previa se ve reforzado con el apdo. 2 del art 80 de la LRJS, el cual establece que «A la demanda se acompañará la documentación justificativa de haber intentado la previa conciliación o mediación, o de haber transcurrido el plazo exigible para su realización sin que se hubiesen celebrado, o del agotamiento de la vía administrativa, cuando proceda, o alegación de no ser necesarias estas, así como los restantes documentos de aportación preceptiva con la demanda según la modalidad procesal aplicable». Si la conciliación extrajudicial fracasa, la presentación de la demanda permitiría acceder al siguiente punto.

– **Conciliación intraprocesal (apdos. 2 y 3 del art. 82 y apdos. 1 y 3 del art. 84 de la LRJS).** Es aquella que tiene lugar ante el letrado o la letrada de la Administración de Justicia con carácter previo al juicio. Como novedad desde abril de 2025, la celebración de los actos de conciliación indicados podrá tener lugar en distinta convocatoria, debiendo cumplirse los requisitos del art. 82 de la LRJS en caso de señalamiento del acto de conciliación en convocatoria separada y anticipada a la fecha del juicio.

> **A TENER EN CUENTA.** En la resolución de admisión a trámite de la demanda el LAJ señalará el día y la hora en que hayan de tener lugar, separada o sucesivamente, los actos de conciliación y de juicio, debiendo mediar un mínimo de diez días entre la citación y la efectiva celebración de dichos actos, salvo en los supuestos en que la ley disponga otro distinto y en los supuestos de nuevo señalamiento después de una suspensión.

Intentada la conciliación anticipada ante el letrado o la letrada de la Administración de Justicia, se tendrá por celebrada sin necesidad de reiterarse el día de la vista, salvo que con anterioridad a la celebración del acto de juicio las partes manifiesten su intención de alcanzar un acuerdo. De celebrarse la conciliación anticipada resultar sin acuerdo, el LAJ dejará constancia en el acta de los aspectos controvertidos que hayan impedido el mismo y, de concurrir cuestiones procesales que pudieran suscitar la suspensión del acto del juicio, tales como la existencia de terceros que deban ser llamados al procedimiento o la situación concursal de cualquiera de los intervinientes.

En caso de no haber avenencia ante el letrado o la letrada de la Administración de Justicia y procederse a la celebración del juicio, la aprobación del acuerdo conciliatorio que, en su caso, alcanzasen las partes en dicho momento corresponderá al juez, la jueza o el tribunal ante el que se hubiere obtenido mediante resolución oral o escrita documentada en el propio acuerdo. Sólo cabrá nueva intervención del letrado o letrada de la Administración de Justicia aprobando un acuerdo entre las partes si el acto del juicio se llegase a suspender por cualquier causa.

Conciliación ante el juez, jueza o tribunal. El juez o tribunal, una vez practicada la prueba y antes de las conclusiones, salvo que exista oposición de alguna de las partes, podrá suscitar la posibilidad de llegar a un acuerdo y de no alcanzarse el mismo en ese momento proseguirá la celebración del juicio. La nueva redacción de la LRJS —aportada con efectos de 03/04/2025 por la LO 1/2025, de 2 de enero— fija esta posibilidad mediante el art. 84.3.I de la LRJS donde se establece: «(…) en caso de no haber avenencia ante el letrado o la letrada de la Administración de Justicia y procederse a la celebración del juicio, la aprobación del acuerdo conciliatorio que, en su caso, alcanzasen las partes en dicho momento corresponderá al juez, la jueza o el tribunal ante el que se hubiere obtenido mediante resolución oral o escrita documentada en el propio acuerdo (…)»; añadiendo —como hemos adelantado— que, «(…) solo cabrá nueva intervención del letrado o letrada de la Administración de Justicia aprobando un acuerdo entre las partes si el acto del juicio se llegase a suspender por cualquier causa (…)».

CUESTIÓN

¿Es siempre obligatorio presentar la papeleta de conciliación para poder acudir a los órganos judiciales laborales?

Casi siempre. Se trata de un paso obligatorio en los procesos en los que así se establece por el art. 63 de la LRJS. Los conflictos colectivos laborales pueden solucionarse por medios judiciales —cuando versen sobre la aplicación o interpretación de una norma y se resuelven mediante una sentencia judicial (art. 153-162 de la LRJ)— o extrajudiciales —mediante la intervención de un tercero—.

2.
CUESTIONES GENERALES

El trámite de conciliación administrativa laboral o el intento de conciliación obligatoria se regulan en el título V de la Ley 36/2011, de 10 de octubre, reguladora de la jurisdicción social y en el Real Decreto 2756/1979, de 23 de noviembre, por el que el Instituto de Mediación, Arbitraje y Conciliación asume parte de las funciones que tiene encomendadas.

Los vigentes arts. 4 y 5 del citado Real Decreto 2756/1979, de 23 de noviembre, establecen la **obligatoriedad de la conciliación como requisito previo para la tramitación de cualquier procedimiento laboral** (respetando las exenciones que actualmente regula el art. 64 de la LRJS), indicando que el órgano competente ante el que debería realizarse el acto de conciliación era el Instituto de Mediación, Arbitraje y Conciliación (IMAC), ahora **Servicio de Mediación, Arbitraje y Conciliación (SMAC)**.

Además, el art. 63 de la LRJS contempla la posibilidad de crear órganos alternativos competentes para realizar dicha función conciliadora previa, estableciendo «que podrá constituirse mediante los acuerdos interprofesionales o los convenios colectivos a los que se refiere el artículo 83 del Texto Refundido de la Ley del Estatuto de los Trabajadores, así como mediante los acuerdos de interés profesional a los que se refieren el artículo 13 y el apartado 1 del artículo 18 de la Ley del Estatuto del trabajo autónomo».

Con carácter general, por lo tanto, las personas trabajadoras y empresas que se vean inmersos en un conflicto laboral deberán acudir en primera instancia al acto de conciliación extrajudicial —por sí o por medio de representante— ante las Unidades de Mediación, Arbitraje y Conciliación del lugar de la prestación del servicio o del domicilio de los interesados, a elección del solicitante.

En esta obra analizaremos el órgano conciliador y la competencia territorial del mismo, las partes de la conciliación y su representación, la asistencia al acto de conciliación, los requisitos de la papeleta de conciliación y los efectos del resultado de la misma. No obstante, como cuestiones previas entendemos interesante destacar **puntos esenciales de esta figura** (que repetiremos en múltiples ocasiones) y aportar un **resumen del procedimiento**:

- En el ámbito autonómico existe diferente normativa, pero los requerimientos mínimos se encuentran regulados en el Real Decreto 2756/1979, de 23 de noviembre, en los arts. 63, 64 y 154 de la LRJS, en el art. 83 del ET y en el art. 13 de la Ley 20/2007, de 11 de julio.

- No existe un modelo oficial, pero actualmente los órganos competentes suelen contar con un formulario normalizado vía electrónica para la presentación telemática de la solicitud de conciliación.

- Corresponde al reclamante elegir el lugar de presentación de la papeleta (domicilio de la persona trabajadora, domicilio de la empresa, lugar del centro de trabajo, etc.).

- La conciliación ante el SMAC es requisito previo para la tramitación del proceso ante el juzgado de lo social. No obstante, existen excepciones determinadas por la normativa en las que este trámite no será necesario, por lo que atendiendo al procedimiento debemos estar atentos a la necesidad de conciliación administrativa previa o no.

- La asistencia al acto de conciliación es obligatoria para ambas partes.

- La presentación de solicitud de conciliación suspende los plazos de caducidad e interrumpe los de prescripción.

- Lo acordado en conciliación tendrá fuerza ejecutiva entre las partes intervinientes. Es decir, el acuerdo alcanzado no necesitará ratificación ante el juez o tribunal, pudiendo llevarse a efecto por el trámite de ejecución de sentencias.

- La presentación de la solicitud de conciliación o de mediación interrumpirá la prescripción o suspenderá la caducidad de acciones desde la fecha de dicha presentación, reiniciándose o reanudándose respectivamente el cómputo de los plazos al día siguiente de intentada la conciliación o mediación o transcurridos quince días hábiles desde su presentación sin que se haya celebrado.

- En todo caso, transcurrido el plazo de treinta días hábiles sin haberse celebrado el acto de conciliación o sin haberse iniciado mediación o alcanzado acuerdo en la misma se tendrá por terminado el procedimiento y cumplido el trámite

- El acuerdo de conciliación puede ser impugnado conforme a una serie de reglas (art. 67 de la LRJS).

- La ejecución se inicia a instancia de parte y podrá solicitarse desde que la obligación acordada en el acto de conciliación fuese exigible. Salvo los supuestos de readmisión en caso de despido (que poseen un plazo de prescripción de tres meses tras los 20 días sin ejecutar el acuerdo), la norma establece, con carácter general, que «(...) el plazo para instar la ejecución será igual al fijado en las Leyes sustantivas para el ejercicio de la acción tendente al reconocimiento del derecho cuya ejecución se pretenda. Dicho plazo será de prescripción a todos los efectos» (arts. 239 y 243 de la LRJS).

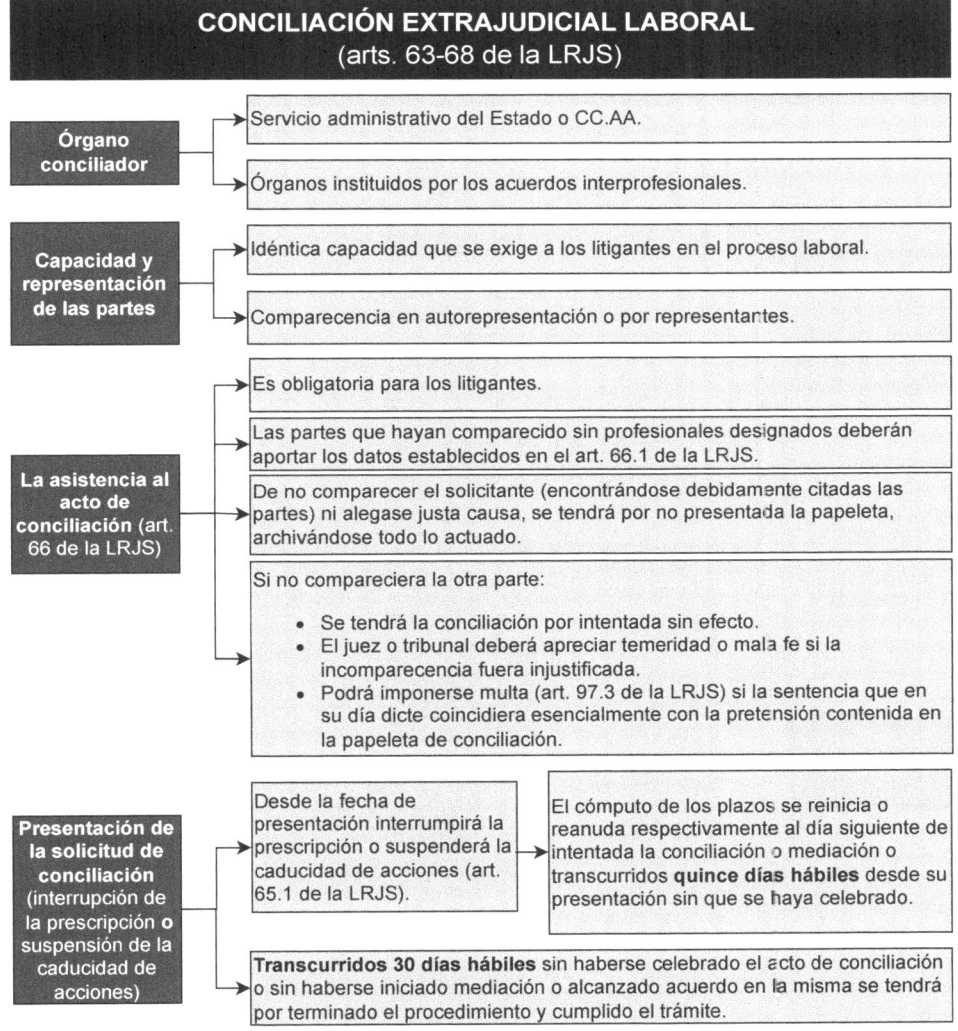

CONCILIACIÓN EXTRAJUDICIAL LABORAL
(arts. 63-68 de la LRJS)

Órgano conciliador
- Servicio administrativo del Estado o CC.AA.
- Órganos instituidos por los acuerdos interprofesionales.

Capacidad y representación de las partes
- Idéntica capacidad que se exige a los litigantes en el proceso laboral.
- Comparecencia en autorepresentación o por representantes.

La asistencia al acto de conciliación (art. 66 de la LRJS)
- Es obligatoria para los litigantes.
- Las partes que hayan comparecido sin profesionales designados deberán aportar los datos establecidos en el art. 66.1 de la LRJS.
- De no comparecer el solicitante (encontrándose debidamente citadas las partes) ni alegase justa causa, se tendrá por no presentada la papeleta, archivándose todo lo actuado.
- Si no compareciera la otra parte:
  - Se tendrá la conciliación por intentada sin efecto.
  - El juez o tribunal deberá apreciar temeridad o mala fe si la incomparecencia fuera injustificada.
  - Podrá imponerse multa (art. 97.3 de la LRJS) si la sentencia que en su día dicte coincidiera esencialmente con la pretensión contenida en la papeleta de conciliación.

Presentación de la solicitud de conciliación (interrupción de la prescripción o suspensión de la caducidad de acciones)
- Desde la fecha de presentación interrumpirá la prescripción o suspenderá la caducidad de acciones (art. 65.1 de la LRJS). → El cómputo de los plazos se reinicia o reanuda respectivamente al día siguiente de intentada la conciliación o mediación o transcurridos **quince días hábiles** desde su presentación sin que se haya celebrado.
- **Transcurridos 30 días hábiles** sin haberse celebrado el acto de conciliación o sin haberse iniciado mediación o alcanzado acuerdo en la misma se tendrá por terminado el procedimiento y cumplido el trámite.

CONCILIACIÓN EXTRAJUDICIAL LABORAL (II)
(arts. 63-68 de la LRJS)

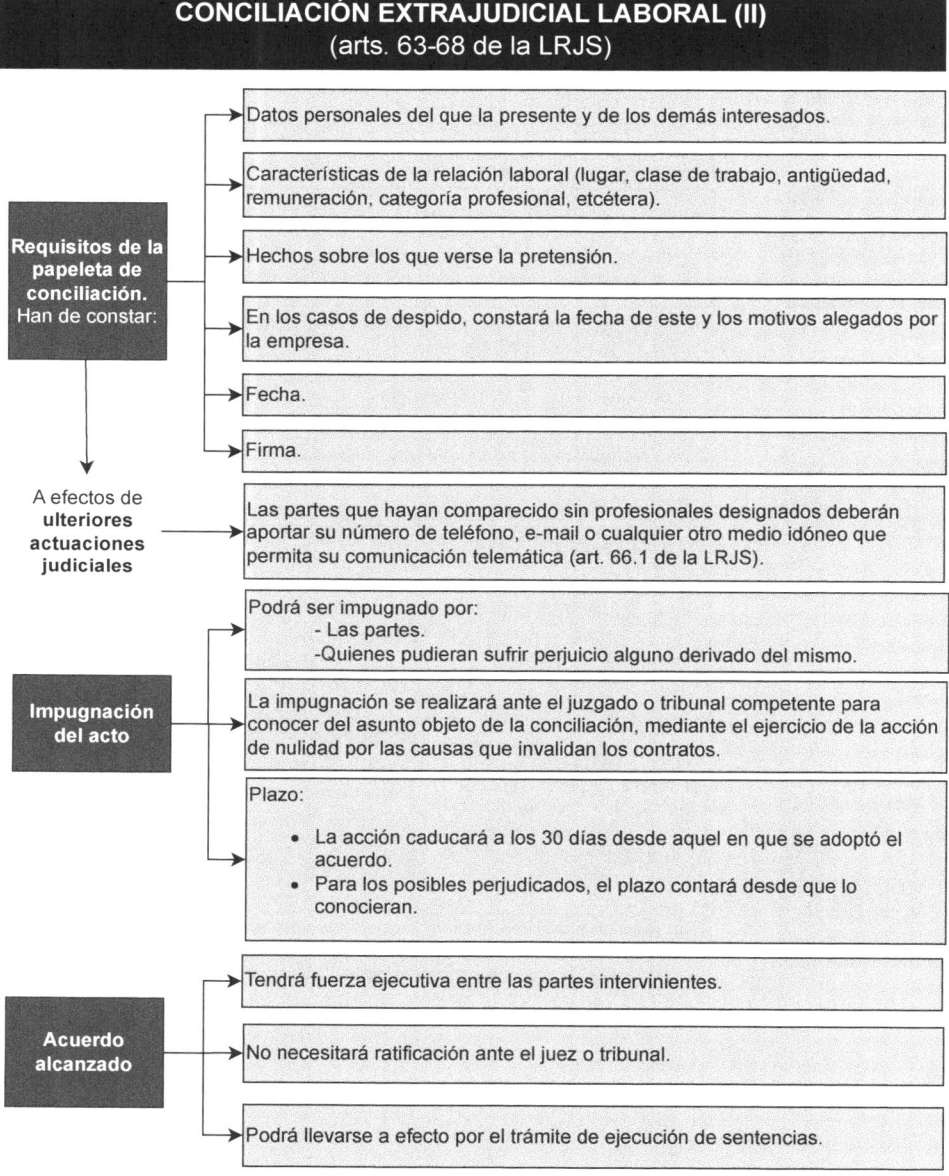

Requisitos de la papeleta de conciliación. Han de constar:

- Datos personales del que la presente y de los demás interesados.

- Características de la relación laboral (lugar, clase de trabajo, antigüedad, remuneración, categoría profesional, etcétera).

- Hechos sobre los que verse la pretensión.

- En los casos de despido, constará la fecha de este y los motivos alegados por la empresa.

- Fecha.

- Firma.

A efectos de ulteriores actuaciones judiciales

- Las partes que hayan comparecido sin profesionales designados deberán aportar su número de teléfono, e-mail o cualquier otro medio idóneo que permita su comunicación telemática (art. 66.1 de la LRJS).

Impugnación del acto

- Podrá ser impugnado por:
    - Las partes.
    - Quienes pudieran sufrir perjuicio alguno derivado del mismo.

- La impugnación se realizará ante el juzgado o tribunal competente para conocer del asunto objeto de la conciliación, mediante el ejercicio de la acción de nulidad por las causas que invalidan los contratos.

- Plazo:
    - La acción caducará a los 30 días desde aquel en que se adoptó el acuerdo.
    - Para los posibles perjudicados, el plazo contará desde que lo conocieran.

Acuerdo alcanzado

- Tendrá fuerza ejecutiva entre las partes intervinientes.

- No necesitará ratificación ante el juez o tribunal.

- Podrá llevarse a efecto por el trámite de ejecución de sentencias.

2.1. Órgano competente y competencia territorial en la conciliación laboral

Será competente para tramitar la conciliación, el Servicio de Mediación, Arbitraje y Conciliación competente en el mismo ámbito territorial del órgano judicial que debería entender del conflicto posteriormente, salvo lo que convencionalmente se establezca.

Actualmente, la competencia corresponde a los Servicios de Mediación, Arbitraje y Conciliación (SMAC) de cada comunidad autónoma, recayendo sobre los órganos territoriales (provinciales normalmente) correspondientes de las delegaciones y subdelegaciones de trabajo. Pueden existir una o varias oficinas del SMAC en las provincias y aunque, en la mayoría, este organismo recibe el nombre de SMAC, su denominación puede variar según cada comunidad autónoma.

> **A TENER EN CUENTA**. La habilitación de competencias a las distintas comunidades autónomas en materia de mediación, arbitraje y conciliación se realiza mediante real decreto (a modo de ejemplo, en la CCAA de la Región de Murcia, se transfirieron dichas competencias por el Real Decreto 375/1995, de 10 de marzo o, en el caso de la CCAA de Galicia, mediante el Real Decreto 4104/1982, de 29 de diciembre).

Ni la Ley 36/2011, de 10 de octubre, reguladora de la jurisdicción social, ni el Real Decreto 2756/1979, de 23 de noviembre, establecen ninguna previsión sobre la competencia territorial para celebrar el acto de conciliación administrativa. No obstante, atendiendo al art. 5.1 del Real Decreto 2756/1979, de 23 de noviembre, *«La celebración del acto de conciliación se interesará ante los órganos del Instituto de Mediación, Arbitraje y Conciliación del lugar de la prestación de los servicios o del domicilio de los interesados, a elección del solicitante»*. Por ende, entendemos que el solicitante elegirá dónde presentar la papeleta de conciliación entre:

- El lugar donde prestó los servicios.
- El domicilio de los interesados.

A pesar de que en la práctica la presentación de la papeleta de conciliación no suele plantear dudas, realizándose en el Servicio de Mediación, Arbitraje y Conciliación (SMAC) correspondiente a la provincia de residencia del trabajador, podemos acudir a los supuestos establecidos en el art. 10.1 de la LRJS, donde, siempre teniendo en cuenta que se trata de un listado de supuestos para la elección del lugar de presentación de la posterior demanda, la norma configura lo siguiente:

- Con carácter general, el lugar de prestación de los servicios o el del domicilio del demandado, a elección del demandante.
- Si los servicios se prestaran en lugares de distintas circunscripciones territoriales, el trabajador podrá elegir entre aquel de ellos en que

tenga su domicilio, el del contrato, si hallándose en él el demandado pudiera ser citado, o el del domicilio del demandado.

– En el caso de que existieran varias empresas y se opte por el domicilio de las mismas, el solicitante podrá elegir el de cualquiera de las empresas.

CUESTIÓN

1. ¿Dónde debe presentar la papeleta de conciliación laboral la persona trabajadora?

Ante los órganos del instituto de mediación, arbitraje y conciliación del lugar de la prestación de los servicios o del domicilio de trabajador o empresa, a elección del trabajador.

2. ¿Sería válida la presentación de una papeleta de conciliación ante un órgano administrativo incompetente?

Sí, sería válida la presentación de una papeleta de conciliación ante un órgano administrativo incompetente. La STC n.º 58/2002, de 11 de marzo de 2002, ha establecido que la presentación de la papeleta de conciliación en el registro de un órgano administrativo incompetente es válida a todos los efectos, incluido el de suspensión del plazo de caducidad, siempre y cuando dicho órgano remita posteriormente la papeleta al servicio administrativo competente.

3. Si en virtud del art. 63 de la LRJS, mediante acuerdo interprofesional o convenio colectivo, se establece un órgano que asuma las funciones del servicio administrativo correspondiente, ¿el trabajador debe interponer la papeleta ante el órgano administrativo o ante el que se determine por acuerdo interprofesional o convenio colectivo?

La LRJS no señala específicamente las repercusiones de presentar una papeleta de conciliación ante el servicio administrativo correspondiente cuando mediante acuerdos interprofesionales o convenio colectivo se establece un órgano que asuma esas funciones. No obstante, si se establecen funciones conciliatorias a un órgano de origen convencional esto hemos de considerarlo obligatorio al tratarse de un aspecto regulado dentro de la autonomía colectiva y supondría dar por cumplido el requisito preprocesal de conciliación previa.

2.2. Servicio de Mediación, Arbitraje y Conciliación (SMAC)

El Servicio de Mediación, Arbitraje y Conciliación (SMAC) se encuentra regulado en el Real Decreto-ley 5/1979, de 26 de enero y Real Decreto 2756/1979, de 23 de noviembre, y en la Ley 36/2011, de 10 de octubre, reguladora de la jurisdicción social (LRJS).

Con la finalidad de reducir el número de procesos judiciales en el ámbito laboral se instaura la necesidad de un intento de conciliación extrajudicial entre las partes como requisito previo a determinados tipos de demandas (arts. 63 a 68 de la Ley 36/2011, de 10 de octubre y arts. 4 a 11 del Real Decreto 2756/1979, de 23 de noviembre).

Como bien define la STS, rec. 4353/2008, de 8 de febrero de 2010, ECLI:ES:TS:2010:881, la conciliación administrativa tiene una doble finalidad: hacer saber a la empresa la voluntad del trabajador ce combatir una decisión; y propiciar un acuerdo que ponga fin a la controversia.

El organismo público para la celebración de estos actos de conciliación se denomina SMAC (Servicio de Mediación, Arbitraje y Conciliación). No obstante, el trámite de la conciliación laboral hemos de considerarlo un procedimiento administrativo cuya competencia está cedida a las comunidades autónomas.

Para acceder al Servicio de Mediación, Arbitraje y Conciliación, el interesado deberá presentar la «papeleta de conciliación».

JURISPRUDENCIA

STS, rec. 1784/2014, de 6 de mayo de 2015, ECLI:ES:TS:2015:3033

La conciliación previa ante los servicios que están encargados de tramitar ese requisito previo al proceso no es realmente un procedimiento administrativo incrustado en el laboral sino que realmente se trata de una actuación exigible para acceder a la jurisdicción, un trámite profundamente impregnado de principios y valores procesales de características propias del derecho laboral.

CONCILIACIÓN PREVIA LABORAL

EXCEPCIONES. NO requieren conciliación previa:
- Impugnación de despido colectivo.
- Vacaciones.
- Materia electoral.
- Movilidad geográfica.
- MSCT.
- Suspensión y reducción por causas ETOP.
- Conciliación de la vida personal y laboral.
- De oficio.
- Impugnación de convenios colectivos.
- Impugnación de estatutos de sindicatos.
- Tutela de derechos fundamentales y libertades públicas.
- Anulación de laudos arbitrales.
- Impugnación de acuerdos.
- Protección contra la violencia de género.
- Que exigen reclamación previa o agotamiento de la vía administrativa.
- Trabajo a distancia.
- Proceso monitorio.
- Seguridad Social.
- Demanda al Estado.
- Ampliación de la demanda a personas distintas.

REQUISITO PREVIO al proceso laboral (arts. 63 y 64 de la LRJS).

Art. 65.1 de la LRJS. **Efectos y plazos:**

1) **INTERRUPCIÓN** plazos de prescripción.

2) **SUSPENSIÓN** plazos de caducidad.

- Reinicio o reanudación al día siguiente del intento.
- Transcurridos 15 días hábiles si no se celebra.
- En todo caso, transcurridos 30 días hábiles se tendrá por terminado el procedimiento y cumplido el trámite.

Presentación papeleta **(ante servicio administrativo u órgano competente)**

Acto de conciliación (asistencia obligatoria)

Citación fecha y hora

No comparece el solicitante

Comparecen las partes

No comparece la otra parte (Solicitado)

Archivo

Comparecencia sin profesionales designados: art. 66.1 de la LRJS.

Constará en el acta de conciliación

Intentada Sin efecto

Acuerdo

NO acuerdo

Impugnación (Acción nulidad art. 67 de la LRJS)

Ejecución (Trámites ejec. sentencias)

Plazo: 30 días (caducidad)

Demanda (juzgado de lo social)

2.3. Partes en la conciliación ante el SMAC

A pesar de que ni el Real Decreto 2756/1979, de 23 de noviembre ni la Ley Reguladora de la Jurisdicción Social (LRJS) definen los titulares del derecho subjetivo o interés legítimo para la conciliación extrajudicial previa en el orden social, el RD si establece alguna premisa para los denominados «interesados».

Las partes en la conciliación extrajudicial laboral deben tener la capacidad exigida a los litigantes en el proceso laboral, pudiendo comparecer por sí mismas o mediante representante. De esta forma, antes de abordar la capacidad la representación de las partes y, es necesario precisar las personas que van a intervenir en la conciliación previa ante el SMAC:

- El **letrado conciliador** ante el que se celebra el acto de conciliación. Se trata de un tercero que intentará que las partes lleguen a un acuerdo sin imponer su criterio.

- El **actor**, generalmente la persona trabajadora, es la parte que ve lesionadas sus derechos y, por lo tanto, acude al acto para que sus pretensiones se vean estimadas.

- El **demandado**, generalmente la empresa.

Lo anterior puede complementarse con el art. 64.2 b) y 103.2 de la LRJS para los casos de despido: «(...) si se promoviese papeleta de conciliación o solicitud de mediación o demanda por despido contra una persona a la que erróneamente se hubiere atribuido la cualidad de empresario, y se acreditase con posterioridad, sea en el juicio o en otro momento anterior del proceso, que lo era un tercero, el trabajador podrá promover nueva demanda contra éste, o ampliar la demanda si no se hubiera celebrado el juicio, sin que comience el cómputo del plazo de caducidad hasta el momento en que conste quién sea el empresario».

CUESTIONES

1. En caso de una reclamación contra despido, ¿qué sucede si solicita la conciliación frente a un empresario erróneo?

El art. 103.2 de la LRJS resulta de aplicación siempre que el trabajador demandante no tuviera conocimiento previo de la identidad del verdadero empresario. Si el trabajador despedido conoce desde el principio la identidad de su verdadero empleador el plazo computará de 20 días computará a todos los efectos. La clave está en precisar si la persona despedida tiene «datos suficientes en la fecha del despido para poder dirigir la demanda contra la empresa», siendo determinante si hay «constancia cierta de que conociera en el momento del despido, si quiera de forma mínima pero suficiente» de quién es el real empleador. En este sentido: STS n.º 350/2022, de 19 de abril, ECLI:ES:TS:2021:143, y STS n.º 381/2016, de 5 de mayo, ECLI:ES:TS:2016:3199.

2. En función de si el empleador es persona física (o jurídica) o Administración pública, ¿varía el procedimiento extraprocesal necesario?

Sí. Cuando se trata de un empleador persona física o jurídica (privada), el acto preprocesal será la conciliación previa (art. 63 de la LJS) . Si, por el contrario, se trata de una Administración pública en su condición de empleadora, será necesario realizar una reclamación administrativa previa (arts. 64 a 69 de la LRJS).

1. Capacidad

El art. 5.2 del Real Decreto 2756/1979, de 23 de noviembre, establece que la capacidad de los interesados para celebrar el acto de conciliación debe ser la misma exigida a las partes en el proceso laboral judicial (arts. 16 y 17 de la LRJS).

En primer lugar, podrán comparecer en juicio (acto de conciliación) en defensa de sus derechos e intereses legítimos quienes se encuentren en el pleno ejercicio de sus derechos civiles, es decir, quienes tengan plena capacidad de obrar y legalmente no precisen autorización alguna para contratar o ya la hayan adquirido.

En definitiva, tienen capacidad para ser parte en la conciliación previa a la vía judicial social:

- Personas físicas dentro de las mismas nos encontramos con:
  - Los trabajadores mayores de dieciocho años.
  - Los mayores de dieciséis años y menores de dieciocho respecto de los derechos e intereses legítimos derivados de sus contratos de trabajo y de la relación de Seguridad Social, emancipados o autorizados por su representante legal.
  - Trabajadores autónomos económicamente dependientes mayores de dieciséis años.
  - Personas que no estén en pleno ejercicio de sus derechos civiles: a través de sus representantes.
- Personas jurídicas: a través de quienes legalmente las representen.
- Asociaciones empresariales para la defensa de los intereses económicos y sociales que les son propios.
- Comunidades de bienes y entes sin personalidad jurídica: la capacidad procesal corresponderá a quienes aparezcan como organizadores, directores o gestores; en general, quienes figuren como sus representantes. Lo mismo que las masas patrimoniales.
- Sindicatos y secciones sindicales y representantes de trabajadores (es decir, delegados de personal y comités de empresa) para defender los intereses colectivos.
- Organizaciones de trabajadores autónomos tendrán legitimación para la defensa de los acuerdos de interés profesional por ellas firmados.
- Para la defensa de los derechos e intereses de las personas víctimas de discriminación por orientación e identidad sexual, expresión de género o características sexuales, además de las personas afectadas y siempre que cuenten con su autorización expresa, estarán también legitimados los partidos políticos, las organizaciones sindicales, las organizaciones empresariales, las asociaciones profesionales de personas trabajadoras autónomas, las organizaciones de personas consumidoras y usuarias y las asociaciones y organi-

zaciones legalmente constituidas que tengan entre sus fines la defensa y promoción de los derechos de las personas lesbianas, gais, bisexuales, trans e intersexuales o de sus familias, de acuerdo con lo establecido en la Ley para la igualdad real y efectiva de las personas trans y para la garantía de los derechos de las personas LGTBI.

JURISPRUDENCIA

STS, rec. 3351/1995, de 21 de diciembre de 1995, ECLI:ES:TS:1995:7623

«Las reglas sobre postulación procesal en el proceso laboral difieren notablemente de las que rigen en el proceso civil en cuanto que como regla general "las partes podrán comparecer por sí mismas o conferir su representación (...)" (artículo 18.1 de la LRJS). Pero obviamente el precepto se refiere a las partes que previamente ostenten la capacidad procesal conforme se ha indicado en el párrafo anterior, lo cual quiere decir que solamente los "representantes necesarios" de la Asociación Sindical o en su caso los "representantes voluntarios" apoderados por aquéllos podrán conferir su representación a terceros para realizar actos procesales en juicio».

STS, rec. 114/2013, de 18 de marzo de 2014, ECLI:ES:TS:2014:1535

«Legitimación activa de las comisiones elegidas ad hoc en las empresas sin representación legal de los trabajadores o sindicales, que se incluye en el concepto de representación legal a los efectos del art. 124 LRJS, a pesar de que el legislador no las mencione».

2. Representación

Una de las peculiaridades que tiene el derecho laboral es que no es necesario que la representación la lleve a cabo un abogado, graduado social colegiado o procurador, sino que puede hacerlo «cualquier persona que se encuentre en el pleno ejercicio de sus derechos civiles» (art. 18 de la LRJS).

Los interesados, en virtud del art. 9 del Real Decreto 2756/1979, de 23 de noviembre, podrán comparecer al acto de conciliación por sí mismos o por medio de representante, otorgándose esta representación mediante:

- Poder notarial, realizado ante notario por el interesado.

- Escrito del interesado designando específicamente al que comparece como representante, facultándole para obligarse en dicho acto. Habitualmente este escrito es la misma papeleta de conciliación, en la que el representado hace constar la representación.

- Por simple comparecencia y manifestación del representante siempre que, en estos supuestos, sea reconocido como tal por la otra parte y se considere suficiente a juicio del conciliador, quien advertirá al representante de las responsabilidades en que pueda incurrir en caso de no existir tal representación e incumplirse las obligaciones contraídas por tal motivo.

Los dos últimos casos, particularmente, han dado lugar a situaciones conflictivas resueltas por la jurisprudencia, por lo que conviene otorgar de forma clara y fehaciente la representación.

CUESTIÓN

¿A quién le puedo conferir mi representación en el caso de que no quiera comparecer yo mismo ante el SMAC?

La representación ante el SMAC se puede conferir, en virtud del art. 18 de la LRJS y 9 del Real Decreto 2756/1979, de 23 de noviembre a:

– Cualquier persona que se encuentre en el pleno ejercicio de sus derechos civiles.

– Abogado.

– Graduado social colegiado.

JURISPRUDENCIA

Sentencia del Tribunal Constitucional, rec. 341/1991, de 29 de noviembre de 1993, ECLI:ES:TC:1993:354

«En el art. 9 del Real Decreto 2756/1979 se establecen los distintos modos de comparecer los interesados en el acto de conciliación y los de otorgar su representación a un tercero, así como la exigencia de que el representante apoderado mediante simple escrito por el interesado sea reconocido por la otra parte. En el caso, a pesar incluso de que se alegase la imposibilidad del demandante para comparecer, la negativa del reconocimiento determinó que se le tuviera por no comparecido, en lugar de adoptar cualquier otra decisión que permitiese subsanar el defecto. Lo resuelto podía así, como antes decimos, determinar una consecuencia definitiva en el caso, pues al tener por no presentada la papeleta de conciliación, no produciéndose, en consecuencia, los efectos interruptivos del plazo de caducidad de la acción (art. 65 de la LRJS) ello resultó decisivo para la acción ejercitada, que se estimó caducada por transcurso del plazo legal, con privación por tanto de una decisión judicial sobre la misma. Consecuencia evidentemente desproporcionada de la interpretación de un precepto reglamentario (el citado art. 9 del Real Decreto 2756/1979) que, entre otras normas para el procedimiento de conciliación ante el CMAC, atribuye a la parte contraria la posibilidad de desconocer la representación otorgada por simple escrito dándole unas consecuencias, las de tener por no presentada la papeleta, que van más allá de su estricto fin de garantizar los compromisos que puedan contraerse, y que, en definitiva, atribuyen a la otra parte la facultad de decidir sobre la validez de la comparecencia del actor. Con este alcance, la interpretación adoptada por el Letrado-conciliador, que pudo haber sido otra, impidió el acceso del recurrente al proceso, lesionando así el derecho reconocido por el art. 24,1 de la Constitución».

STSJ País Vasco, rec. 405/2010, de 20 de abril de 2010, ECLI:ES:TSJPV:2010:1109

«El art. 9 del Real Decreto 2576/79, de 23 de noviembre, especifica que la asistencia al acto de conciliación ante la Administración (SMAC) puede efectuarse mediante representación de mandatario que acude a cada acto de conciliación previo a la vía judicial, bien por simple comparecencia y manifestación del representante, siempre que en tal supuesto sea reconocido por las contrapartes y se considere suficiente por el conciliación, bien advirtiendo al representante de las responsabilidades en que puede incurrir en el caso de no existir tal representación. Resulta más que dudoso que la empresarial, y en concreto los recurrentes, puedan siquiera adverar la impugnación de un acuerdo transaccional en el que han estado representados, del que no han venido a demostrar fáctica ni jurídicamente que haya acontecido alguna causa de invalidación contractual».

STSJBAL n.º 408/2016, de 18 de febrero, ECLI:ES:TSJBAL:2016:164

«Respecto al Real Decreto 2756/1979 de 23 noviembre, sobre asunción de funciones por el Instituto de mediación, arbitraje y conciliación, (actual SMAC) alegado por

la parte recurrente, su artículo nueve establece un amplio sistema de representación para comparecer en el acto de conciliación, incluyendo la manifestación del representante en caso de reconocimiento por otra parte y sea considerado suficiente por el conciliador, haciéndose cargo de las obligaciones contraídas por este motivo; sin indicar las consecuencias de la falta de reconocimiento del mandatario legal, y no habiendo sido encauzada una subsanación del posible defecto apreciado en este caso, mas, no obstante, y en todo caso, tuvo lugar con el margen temporal de cuarenta minutos, no habiendo sido sobrepasado el día».

3.
OBLIGACIÓN Y EXCEPCIONES DE CONCILIACIÓN ANTE EL SMAC

El art. 4 del Real Decreto 2756/1979, de 23 de noviembre, y el art. 63 de la LRJS recogen el **carácter preceptivo del intento de celebración de acto de conciliación** ante el Servicio de Mediación, Arbitraje y Conciliación.

3.1. Carácter obligatorio. Cuestiones que deben someterse a conciliación

El carácter previo y preceptivo de la conciliación ante el SMAC, así como la asistencia obligatoria para las partes, vienen regulados en el artículo 4 del Real Decreto 2756/1979, de 23 de noviembre y en el art. 66.1 de la LRJS.

La Ley 36/2011, de 10 de octubre, reguladora de la Jurisdicción Social, establece en su art. 63: *«será requisito previo para la tramitación del proceso (laboral) el intento de conciliación o, en su caso, de mediación ante el servicio administrativo correspondiente o ante el órgano que asuma estas funciones que podrá constituirse mediante los acuerdos interprofesionales o los convenios colectivos a los que se refiere el artículo 83 del Texto Refundido de la Ley del Estatuto de los Trabajadores, así como mediante los acuerdos de interés profesional a los que se refieren el artículo 13 y el apartado 1 del artículo 18 de la Ley del Estatuto del trabajo autónomo».*

Los procedimientos en los que es obligatorio el acto de conciliación ante el SMAC son los siguientes:

1. Despido

El despido se puede definir como la finalización del contrato de trabajo por decisión unilateral del empresario (expresa o tácita). El procedimiento viene regulado en el art. 103 y ss. de la LRJS. En este proceso, el requisito de promover papeleta de conciliación ante el SMAC es indispensable para acceder a la vía judicial, siendo muy importante indicar que el trabajador dispone de

20 días hábiles para promover la papeleta de conciliación, si no lo hace, caduca su derecho y no podrá reclamarlo.

Sin embargo, al mismo tiempo se establece en el art. 103.2 de la LRJS que «si se promoviese papeleta de conciliación o solicitud de mediación o demanda por despido contra una persona a la que erróneamente se hubiere atribuido la cualidad de empresario, y se acreditase con posterioridad, sea en el juicio o en otro momento anterior del proceso, que lo era un tercero, el trabajador podrá promover nueva demanda contra éste, o ampliar la demanda si no se hubiera celebrado el juicio, sin que comience el cómputo del plazo de caducidad hasta el momento en que conste quién sea el empresario».

Esto quiere decir que, si una vez realizada la conciliación se atribuyese la cualificación de empresario a una persona errónea, el trabajador tiene dos opciones:

- Ampliar la demanda (en el caso de que el LAJ dictase decreto de admisión de demanda y se esté a la espera de juicio).

- Promover una nueva papeleta de conciliación. En este caso, y solo cuando se acreditase que el empresario es un tercero que no está llamado al proceso, el cómputo del plazo de caducidad empezaría a contar desde el momento en que conste el verdadero empresario.

Como novedad, con efectos de 20/03/2024 —tras la nueva redacción de los apdos. 4 y 5 al art. 103 de la LRJS aportada por el Real Decreto-ley 6/2023, de 19 de diciembre—, pasan a tramitarse por procedimiento urgente y de tramitación preferente los procesos de despido en los que la empresa no haya tramitado la baja de la persona trabajadora por despido en la TGSS y los supuestos de extinción del contrato por voluntad del trabajador ante la falta de pago o retrasos continuados en el abono del salario [art. 50.1.b) del ET].

2. Impugnación de sanciones

Las sanciones son las decisiones que pueden tomar las empresas por los incumplimientos que realicen los trabajadores. El procedimiento de impugnación de sanciones está regulado en los arts. 114 y ss. de la LRJS, siendo necesario el requisito de conciliación previa ante el SMAC en el plazo de 20 días hábiles.

3. Reclamaciones de cantidad y reconocimiento de derechos en general

En virtud del art. 59 del ET el plazo para reclamar salarios es de un año, por lo que la papeleta de conciliación podrá presentarse dentro del año desde que se pudo reclamar la cantidad o el derecho de que se trate.

En el caso de reclamación de cantidad por el procedimiento monitorio laboral, como establece el art. 64.1 de la LRJS (con efectos de 20/03/2024), no es preceptivo el intento de conciliación.

4. Conflictos colectivos

El conflicto colectivo se define como las demandas que afecten a intereses generales de un grupo genérico de trabajadores sobre la aplicación e interpretación de una norma estatal, convenio colectivo o de una decisión o práctica empresarial (art. 153.1 de la LRJS), o como las situaciones conflictivas que afecten a intereses generales de los trabajadores (art. 17.1 del Real Decreto-ley 17/1977, de 4 de marzo). El procedimiento viene regulado en los arts. 153 y ss. de la LRJS.

Por imperativo legal establecido en el art. 156 de la LRJS, es requisito necesario para la tramitación de este procedimiento el intento de conciliación ante el SMAC. En el caso de que se llegue a acuerdo, este tendrá la misma eficacia atribuida a los convenios colectivos, enviándole la copia del acta a la autoridad laboral.

5. Clasificación profesional

Recogido en el art. 137 de la LRJS, es preceptiva la conciliación ante el SMAC ya que no se encuadra dentro de los supuestos exentos de la misma y la innumerable jurisprudencia al respecto siempre hace referencia al resultado de la papeleta de conciliación presentada.

6. Resoluciones de contrato a instancia del trabajador

La letra b) del art. 50 del Estatuto de los Trabajadores establece que procederá la extinción del contrato a instancias del trabajador por retrasos en el pago de salarios o cualquier otro incumplimiento grave del empleador. En estos supuestos, el trabajador tendrá derecho a las indemnizaciones señaladas para el despido improcedente, es decir, 33 días de salario por año de servicio, prorrateándose por meses los periodos de tiempo inferiores al año, y hasta un máximo de 24 mensualidades.

Hemos visto los procedimientos en los que es necesaria y preceptiva el acto de conciliación ante el SMAC, sin embargo, la LRJS en su art. 64, exceptúa algunos procesos en los que no será necesaria la conciliación previa para acudir a la jurisdicción social, pese a esta exclusión, «cuando por la naturaleza de la pretensión ejercitada pudiera tener eficacia jurídica el acuerdo de conciliación o de mediación que pudiera alcanzarse, aun estando exceptuado el proceso del referido requisito del intento previo, si las partes acuden en tiempo oportuno voluntariamente y de común acuerdo a tales vías previas, se suspenderán los plazos de caducidad o se interrumpirán los de prescripción», es decir, a pesar de que las partes se encuentren exceptuadas de promover la conciliación previa, si consideran que pueden llegar a un acuerdo ante el SMAC, podrán acudir ante el organismo para agilizar los trámites y evitar la vía judicial.

Una de las consecuencias que trae consigo esta posibilidad es la paralización de la acción judicial al estar supeditada a la conciliación, es decir, en caso de no llegar a acuerdo, se mantienen los efectos de caducidad y prescripción para acudir a la vía judicial.

En aquellos procesos en que la conciliación (o mediación) previa sea obligatoria, en virtud del art. 80.2 de la LRJS, deberá **acompañarse a la demanda** la documentación justificativa de haberla intentado, o de que ha transcurrido el plazo exigible para su realización sin que se hubiesen celebrado. Hasta tal punto es relevante que, su **omisión cuando es preceptiva,** es un defecto procesal que debe ser subsanado. Si a la demanda no se acompañara certificación del acto de conciliación o mediación previa, o de la papeleta de conciliación o de la solicitud de mediación, de no haberse celebrado en plazo legal, el letrado o letrada de la Administración de Justicia, sin perjuicio de resolver sobre la admisión y proceder al señalamiento, advertirá al demandante que ha de acreditar la celebración o el intento del expresado acto en el plazo de quince días, contados a partir del día siguiente a la recepción de la notificación, con apercibimiento de archivo de las actuaciones en caso contrario, quedando sin efecto el señalamiento efectuado.

CUESTIÓN

¿Qué se entiende por el archivo de actuaciones en el caso de que no se subsane un defecto procesal como es no aportar la papeleta de conciliación cuando la requiere el LAJ?

Es la resolución que realiza el LAJ, en la que pone fin al procedimiento y, por lo tanto, decae el derecho de las partes a reivindicar sus pretensiones en el caso de no aportar la papeleta de conciliación.

3.2. Excepciones al intento de conciliación. Procesos exceptuados y supuestos dudosos

Como regla general, cuando las partes se quieran someter a la jurisdicción de los tribunales sociales, tendrán que interponer papeleta de conciliación ante el SMAC u órgano competente, en virtud del art. 63 de la LRJS y del art. 4 del Real Decreto 2756/1979, de 23 de noviembre. Sin embargo, existen excepciones al intento de conciliación recogidas en el art. 64 de la LRJS, eximiendo a las partes a acudir al acto conciliatorio.

El art. 4 del Real Decreto 2756/1979, de 23 de noviembre, establece de modo general que «será requisito previo para la tramitación de cualquier procedimiento laboral, el intento de celebración del acto de conciliación» ante el SMAC. Por lo tanto, tendremos que acudir al art. 64 de la LRJS para saber que tipos de procesos están exentos de la obligatoriedad del acto, este precepto debe de ser interpretado como numerus clausus de manera que los supuestos que no se hallen en este artículo, necesitarán necesariamente conciliación previa.

Se **exceptúan del requisito del intento de conciliación** (o de mediación):

– Los procesos que exijan el agotamiento de la vía administrativa, por lo general son procesos vinculados a conflictos con los organismos públicos.

– Los que versen sobre Seguridad Social (ya que es necesario que se interponga reclamación previa ante la Entidad gestora, salvo en el procedimiento de alta médica).

– Los relativos a la impugnación del despido colectivo por los representantes de los trabajadores.

– Disfrute de vacaciones, el procedimiento es urgente y se le dará tramitación preferente (art. 126 de la LRJS) .

– Materia electoral.

– Movilidad geográfica, modificación sustancial de las condiciones de trabajo, suspensión del contrato y reducción de jornada por causas económicas, técnicas, organizativas o de producción o derivadas de fuerza mayor, este tipo de procedimientos se caracterizan por ser urgentes y preferentes, la sentencia que se dicte será inmediatamente ejecutiva. (STSJ de Madrid, rec. 901/2024, de 8 de noviembre de 2024, ECLI:ES:TSJM:2024:13119).

– Derechos de conciliación de la vida personal, familiar y laboral del art. 139 de la LRJS, procedimiento también caracterizado por la urgencia y tramitación preferente.

– Los iniciados de oficio.

– Los de impugnación de convenios colectivos (tanto a los iniciados de oficio como a instancia de parte). STS n.º 328/2022, de 6 de abril, ECLI:ES:TS:2022:1430.

– Los de impugnación de los estatutos de los sindicatos o de su modificación, el procedimiento tendrá carácter urgente (art. 136 de la LRJS) .

– Los de tutela de los derechos fundamentales y libertades públicas, debido a que son derechos muy sensibles y gozan de especial protección.

– Anulación de laudos arbitrales.

– Impugnación de acuerdos de conciliaciones, de mediaciones y de transacciones, debido a que lo acordado resulta de una conciliación o negociación previa y no tendría sentido volver a incidir sobre lo mismo.

– El proceso monitorio (art. 101 de la LRJS) .

– Las reclamaciones en materia de trabajo a distancia.

– Las acciones laborales de protección contra la violencia de género.

A los casos anteriores, se le unen también:

– Los procesos que requieren el agotamiento de la vía administrativa, es decir, «para poder demandar al Estado, Comunidades Autónomas, entidades locales o entidades de Derecho público con personalidad jurídica propia vinculadas o dependientes de los mismos» siempre que la pretensión hubiera de someterse al agotamiento de la vía administrativa y en ésta pudiera decidirse el asunto litigioso. Sin embargo, tampoco será necesario el agotamiento de la vía administrativa cuando se trate de:

- Tutela de derechos fundamentales y libertades públicas frente a actos de las Administraciones públicas en el ejercicio de sus potestades en materia laboral y sindical.

- Cuando la lesión del derecho fundamental tuviera su origen en la inactividad administrativa o en actuación en vías de hecho.

- Se hubiera interpuesto potestativamente un recurso administrativo, contra la inactividad o vía de hecho, o desde la presentación del recurso.

– Los supuestos en que, en cualquier momento del proceso, después de haber dirigido la papeleta o la demanda contra personas determinadas, fuera necesario dirigir o ampliar la misma frente a personas distintas de las inicialmente demandadas.

Sentado todo lo anterior, procedemos a analizar de manera más detallada los procedimientos exceptuados del art. 64 de la LRJS.

1. Procesos que exigen reclamación previa en vía administrativa

En los procesos regulados en los arts. 69 y 70 de la LRJS, para demandar a las siguientes entidades públicas se exige agotar la vía administrativa previa (reclamación previa) conforme al procedimiento administrativo aplicable:

– Estado.

– Comunidades autónomas.

– Entidades locales o entidades de derecho público con personalidad jurídica propia vinculadas o dependientes de los mismos.

Una vez agotada la vía administrativa, el interesado podrá formalizar la demanda en el plazo de dos meses ante el juzgado o la sala competente, salvo en acciones derivadas de despido y demás acciones sujetas a plazo de caducidad, en que el referido es de veinte días hábiles o el especial que sea aplicable, contados a partir del día siguiente a aquel en que se hubiera producido el acto o la notificación de la resolución impugnada, o desde que se deba entender agotada la vía administrativa.

Ahora bien, de forma similar a lo que ocurría con la conciliación previa, la LRJS establece **excepciones al agotamiento de la vía administrativa** (art. 70 de la LRJS) cuando:

– Se trate de interponer demanda de tutela de derechos fundamentales y libertades públicas frente a actos de las administraciones públicas en el ejercicio de sus potestades en materia laboral y sindical, en cuyo caso el plazo para interponer directamente la demanda será de veinte días desde el día siguiente a la notificación del acto o al transcurso del plazo fijado para la resolución, sin más trámites.

- Cuando la lesión del derecho fundamental tuviera su origen en la inactividad administrativa o en actuación en vías de hecho, o se hubiera interpuesto potestativamente un recurso administrativo, el plazo de veinte días se iniciará transcurridos veinte días desde la reclamación contra la inactividad o vía de hecho.

- Desde la presentación del recurso, respectivamente.

Conciliación previa y reclamación administrativa previa son mecanismos alternativos previos a la vía judicial y, en principio, el error en la interposición de reclamación previa en vez de conciliación o a la inversa, no tiene relevancia ni, por tanto, produce efectos jurídicos en cuanto a la suspensión de la caducidad o la interrupción de la prescripción. Ahora bien, en ocasiones la jurisprudencia ha otorgado tales efectos a dicha interposición errónea, cuando la situación es dudosa.

RESOLUCIÓN RELEVANTE

STSJ de Madrid, rec. 27/2005, de 10 de mayo de 2005, ECLI:ES:TSJM:2005:5295

«La jurisprudencia admite la posibilidad de entender cumplido el trámite de conciliación previa cuando se interpone reclamación previa por existir dudas sobre el acto previo procedente: Hemos de estar a la voluntad impugnatoria de la trabajadora que, aunque procediera la interposición de la papeleta de conciliación y no de la reclamación previa, la demandada tuvo conocimiento del cumplimiento trámite previo, aun cuando lo fuera de forma inadecuada, y pudo actuar en consecuencia, si hubiera sido su interés, evitando el subsiguiente pleito y, si no lo hizo, fue porque no tenía intención de llegar a un acuerdo extrajudicial, dejando expedita la vía del proceso y siendo perfectamente eficaz la citada reclamación, que ha de producir, consecuentemente los efectos legalmente prevenidos de suspensión del plazo de caducidad».

2. Procesos sobre Seguridad Social

Procesos regulados en el artículo 71 de la LRJS, completado con el artículo 24 de Ley 39/2015, de 1 de octubre, en lo referente al silencio administrativo.

A la reclamación administrativa previa en materia de Seguridad Social se le otorga un tratamiento distinto y diferenciado del resto de procesos que requieren agotar la vía administrativa, por la materia de la que se trata: todos los procesos en que se demanda en materia de prestaciones de Seguridad Social.

Se exceptúan los procedimientos de impugnación de las resoluciones administrativas expresas en las que se acuerda el alta médica emitidas por los órganos competentes de las entidades gestoras de la Seguridad Social al agotarse el plazo de duración de trescientos sesenta y cinco días de la prestación de incapacidad temporal.

El **plazo** para interponer reclamación previa es de **30 días** (11 días en los procesos de impugnación de altas médicas no exentos de reclamación previa), a contar desde la notificación de la resolución de la solicitud inicial por el órgano competente o desde la fecha en que deba entenderse producido el silencio administrativo.

Una vez formulada reclamación previa, la entidad deberá contestar expresamente a la misma en el plazo de **45 días** (7 días en los procesos de impugnación de altas médicas no exentos de reclamación previa). En caso contrario, se entenderá denegada la reclamación por silencio administrativo.

Posteriormente, la demanda habrá de formularse en el plazo de **30 días**, a contar desde la fecha en que se notifique la denegación de la reclamación previa o desde el día en que se entienda denegada por silencio administrativo (excepción: 20 días en los procesos de impugnación de altas médicas que, cuando no sea exigible reclamación previa, se computará desde la adquisición de plenos efectos del alta médica o desde la notificación del alta definitiva acordada por la entidad gestora).

3. Procesos de impugnación de despido colectivo por los representantes de los trabajadores

Procesos regulados en el artículo 124 de la LRJS, se trata de aquellos procedimientos en que los representantes de los trabajadores impugnen el despido colectivo por alguna de estas causas:

– No concurre la causa legal indicada en la comunicación empresarial.

– No se ha llevado a cabo el preceptivo periodo de consultas o entregado la documentación preceptiva, o no se haya respetado el procedimiento establecido para la extinción por fuerza mayor.

– La decisión extintiva empresarial se ha adoptado con fraude, dolo, coacción o abuso de derecho.

– La decisión extintiva se ha efectuado con vulneración de derechos fundamentales y libertades públicas.

4. Procesos de disfrute de vacaciones

Procesos regulados en los artículos 125 y 126 de la Ley 36/2011, de 10 de octubre, reguladora de la jurisdicción social, se refiere a los procesos de fijación, individual o plural, de la fecha de disfrute de las vacaciones.

Se trata de un procedimiento urgente y de tramitación preferente, contra cuya sentencia no cabe recurso.

5. Procesos relativos a materia electoral

Son procesos regulados en los arts. 127 a 132 de la LRJS, nos encontramos con los siguientes:

– Procedimientos de impugnación de laudos arbitrales en las elecciones a representantes de los trabajadores del artículo 76 del Estatuto de los Trabajadores.

– Impugnación de la resolución administrativa que deniegue el registro y de la certificación de la representatividad sindical.

Como en el caso del apartado anterior, los motivos de urgencia justifican la excepcionalidad de celebración del acto de conciliación.

6. Procesos sobre movilidad geográfica y sobre modificación sustancial de las condiciones de trabajo

Estamos de nuevo ante procesos urgentes y de tramitación preferente, lo que justifica la no obligatoriedad del acto de conciliación previo. El proceso se iniciará por demanda de los trabajadores afectados por la decisión empresarial que habrá de presentarse en el plazo de caducidad de los veinte días hábiles siguientes a la notificación por escrito de la decisión a los trabajadores o a sus representantes.

En el caso de la MSCT, se da una aparente contradicción normativa entre el artículo 64 y el artículo 156.1 de la Ley Reguladora de la Jurisdicción Social. Mientras que el primero establece que los procesos relativos a la movilidad geográfica y la modificación sustancial de las condiciones de trabajo están exentos del requisito de conciliación, el segundo establece, en términos generales, que la tramitación del conflicto colectivo debe incluir un intento de conciliación o mediación, tal como se detalla en el artículo 63 de la misma ley.

Como ha aclarado la STSJ de Madrid, rec. 901/2024, de 8 de noviembre de 2024, ECLI:ES:TSJM:2024:13119, aunque el artículo 63 de la LRJS estipula la conciliación como un requisito previo, el artículo 64.1 de la LRJS aplica una excepción clara para la modificación sustancial de las condiciones de trabajo. Tal consideración es fundamental, ya que evita que la conciliación previa se convierta en un proceso redundante, sobre todo cuando la impugnación de la decisión empresarial debe llevarse a cabo tras el agotamiento del periodo de consultas con los representantes de los trabajadores.

7. Procesos sobre suspensión del contrato y reducción de jornada por causas económicas, técnicas, organizativas o de producción o derivadas de fuerza mayor

Regulado en el art. 138 de la LRJS, es un procedimiento de carácter urgente y preferente sujeto al plazo de 20 días hábiles para presentar demanda. Contra la sentencia no cabrá recurso salvo cuando se haya acumulado pretensión de resarcimiento de perjuicios que por su cuantía pudiera dar lugar a recurso de suplicación, en cuyo caso el pronunciamiento será ejecutivo desde que se dicte la sentencia.

8. Procesos de reclamaciones sobre acceso, reversión y modificación del trabajo a distancia

Con efectos de 20/03/2024, se exceptúan del requisito del intento de conciliación las reclamaciones en materia de trabajo a distancia y las acciones laborales de protección contra la violencia de género.

9. Procesos sobre derechos de conciliación de la vida personal, familiar y laboral

Se regulan en el artículo 139 de la LRJS, además de tratarse de procedimientos urgentes y de tramitación preferente, en la demanda puede acumularse la acción de daños y perjuicios causados al trabajador derivados de la negativa del derecho o de la demora en la efectividad de la medida.

El trabajador dispondrá de un plazo de veinte días para presentar demanda y contra la misma no procederá recurso, salvo cuando se haya acumulado pretensión de resarcimiento de perjuicios que por su cuantía pudiera dar lugar a recurso de suplicación, en cuyo caso el pronunciamiento sobre las medidas de conciliación será ejecutivo desde que se dicte la sentencia.

10. Procesos iniciados de oficio

Procesos regulados en los artículos 148 a 150 de la Ley reguladora de la jurisdicción social. La conciliación previa deviene imposible, al tratarse de procedimientos iniciados de oficio como consecuencia:

- De certificaciones de las resoluciones firmes que dicte la autoridad laboral derivadas de las actas de infracción de la ITSS en las que se aprecien perjuicios económicos para los trabajadores afectados.

- De acuerdos de la autoridad laboral que aprecie apreciara fraude, dolo, coacción o abuso de derecho en los acuerdos de suspensión, reducción de la jornada o extinción por causas económicas, técnicas, organizativas o de producción o por fuerza mayor,

- De las actas de infracción o comunicaciones de la ITSS que constaten una discriminación por razón de sexo, raza, religión y convicciones, discapacidad, edad u orientación sexual u otros.

- De las comunicaciones de la autoridad laboral cuando cualquier acta de infracción o de liquidación de la ITSS haya sido impugnada.

11. Procesos de impugnación de convenios colectivos

Regulados en los arts. 163 a 166 de la LRJS, son procesos de impugnación de los convenios colectivos negociados por los representantes de los trabajadores con los empresarios, o de los laudos arbitrales sustitutivos de éstos, por considerar que conculca la legalidad vigente o lesiona gravemente el interés de terceros.

JURISPRUDENCIA

STS n.º 328/2022, de 6 de abril, ECLI:ES:TS:2022:1430

«Las dos modalidades participan de algunos elementos comunes: el objeto del proceso dirigido a declarar la ilegalidad o lesividad de todo o de una parte de un convenio, la intervención del Ministerio Fiscal, la exoneración de la obligación de seguir intento de conciliación o mediación previos y, caso de que la sentencia sea anulatoria, la necesidad de que ésta se publique en el mismo Boletín en que se pu-

blicó el convenio. Sin embargo, difieren en cuanto a algunos aspectos de su trami-
tación, pues la ley se detiene en la legitimación de los sujetos que pueden impugnar
el convenio y dispone que, en el proceso iniciado de oficio, la comunicación de la
autoridad laboral deberá tener unos determinados requisitos y un procedimiento
específico, mientras que en la impugnación a instancia de parte seguirá en su trami-
tación la prevista para el proceso de conflictos colectivos. Resulta claro, por tanto,
que la previsión del artículo 64.1 de la LRJS que excluye del requisito de la previa
tramitación del intento de conciliación o, en su caso, de mediación se aplica a las
dos modalidades de impugnación de convenios que contiene el capítulo IX del Título
II del Libro segundo LRJS».

12. Procesos de impugnación de los estatutos de los sindicatos o de su modificación

Se trata de los procedimientos regulados en los artículos 167 a 176 de la LRJS, en donde nos encontramos ante cuestiones que afectan a la libertad sindical.

Se refiere, tanto a la impugnación de la resolución administrativa que deniegue el depósito de los estatutos presentados para su publicidad, como a la impugnación de los estatutos mismos, de los sindicatos o de las asociaciones empresariales.

13. Procesos de tutela de los derechos fundamentales y libertades públicas

Regulados en los arts. 177 a 184 de la LRJS, nos hallamos ante derechos y libertades constitucionales y los procesos, además, tienen carácter urgente y preferente, que proceden cuando se consideren lesionados los derechos de libertad sindical, huelga u otros derechos fundamentales y libertades públicas, incluida la prohibición de tratamiento discriminatorio y del acoso.

El objeto del presente proceso queda limitado al conocimiento de la lesión del derecho fundamental o libertad pública, sin posibilidad de acumulación con acciones de otra naturaleza o con idéntica pretensión basada en fundamentos diversos a la tutela del citado derecho o libertad.

14. Procesos de anulación de laudos arbitrales

Son procesos que se tramitan con carácter urgente, lo que justifica la ausencia de conciliación previa.

15. Procesos de impugnación de acuerdos de conciliación, mediación y transacción

Se excluye la conciliación previa por razones obvias, ya que ha existido un acuerdo previo y el acto de conciliación resultaría redundante.

CUESTIÓN

Ante un acuerdo transaccional de despido, en el que las partes pactan las condiciones de extinción de la relación laboral de forma privada, el empresario abona una cantidad en concepto de indemnización al trabajador y este renuncia a reclamar el despido judicialmente, ¿hasta qué punto tal acuerdo es válido?

Los requisitos que debe cumplir tal acuerdo para tener plena validez vienen dados por la normativa general sustantiva, concretamente por los arts. 1254 y ss. del CC y son los siguientes:

- Aceptación expresa y clara por parte del trabajador de la extinción del contrato por causa de despido, en las condiciones acordadas.

- No existen vicios del consentimiento (dolo, error o intimidación) para celebrar el acuerdo, principalmente por parte del trabajador.

- Aporta alguna ventaja o mejora para el trabajador respecto al derecho que ya tiene reconocido legalmente.

- Consta de forma expresa y clara la renuncia del trabajador a impugnar el despido judicialmente.

- El acuerdo es válido para las dos partes y no está sujeto a la voluntad de una de ellas.

16. Procesos en que se ejerciten acciones laborales de protección contra la violencia de género

Se tramitan conforme a lo establecido en el art. 138 de la LRJS. Se refiere básicamente a los procesos en que se dirimen cuestiones relativas a los derechos laborales y de Seguridad Social contemplados en la Ley 1/2004 de 28 de diciembre, de Medidas de Protección Integral contra la Violencia de Género, y concordantes del Estatuto de los Trabajadores y la Ley General de la Seguridad Social.

17. Aquellos procesos en los que la representación corresponda a determinados sujetos

Se exceptúan de la celebración del acto de conciliación previo aquellos procesos en los que la representación corresponda al abogado del Estado, al letrado o letrada de la Administración de la Seguridad Social, a los representantes procesales de las Comunidades Autónomas o de las Administraciones Locales o al letrado o letrada de las Cortes Generales [art. 64.2.a) de la LRJS, con efectos de 20/03/2024].

18. Supuestos en que es necesario dirigir o ampliar la misma frente a personas distintas de las inicialmente demandadas

De conformidad con lo establecido en el artículo 64.2 b) de la LRJS, cuando, una vez iniciado el proceso, fuera necesario dirigir la demanda frente a personas distintas de las inicialmente demandadas, se excepciona la preceptividad del acto de conciliación por motivos de eficacia procesal.

Se trata de supuestos de ampliación de la demanda, defectos u omisiones o similares.

19. Proceso monitorio laboral

Con efectos de 20/03/2024, se exceptúan del requisito de intento de conciliación el proceso monitorio (esto se complementa con la modificación de los arts. 64.1 y 101 de la LRJS) .

4.
PRESENTACIÓN DE LA SOLICITUD DE CONCILIACIÓN Y SUS EFECTOS

Dentro del análisis de la conciliación extrajudicial laboral debemos repetir en este punto varios aspectos que ya hemos ido analizando:

- El intento de conciliación se formaliza mediante la presentación de la solicitud o papeleta de conciliación ante el órgano administrativo correspondiente —obviamente, dentro del plazo establecido en cada procedimiento—.

- La presentación de la solicitud de conciliación (o de mediación) suspenderá los plazos de caducidad e interrumpirá los de prescripción. El cómputo de la caducidad se reanudará al día siguiente de intentada la conciliación o transcurridos quince días hábiles, excluyendo del cómputo los sábados, desde su presentación sin que se haya celebrado.

- Cuando sea obligatoria la conciliación extrajudicial, la no presentación de la papeleta supone la imposibilidad de presentar la demanda e iniciar el proceso judicial (con la excepción regulada en el art. 81.2 de la LRJS).

JURISPRUDENCIA

STS, rec. 3754/2015, de 27 de octubre de 2016, ECLI:ES:TS:2016:5071

Señala el Supremo sobre el cómputo de la caducidad, se celebre o no la conciliación:

«se reanuda transcurridos quince días hábiles —concretamente, al día siguiente hábil de esos quince días hábiles— desde la presentación de la solicitud de conciliación si ésta no se hubiera intentado con anterioridad. El primero constituye un plazo indeterminado, en la medida en que no es posible conocer a priori el día en que la conciliación será intentada, mientras que el segundo es un plazo absoluto e inamovible, que no se ampliará ni siquiera en el caso de que la solicitud de conciliación requiera de subsanación».

4.1. Contenido y presentación de la solicitud o papeleta de conciliación

4.1.1. Contenido mínimo que debe contener la papeleta de conciliación

El solicitante, normalmente el trabajador, tendrá que acudir al SMAC para cumplir el trámite previo a la vía judicial y presentar la papeleta de conciliación, con tantas copias como partes interesadas y dos más, según establece el art. 6 del Real Decreto 2756/1979, de 23 de noviembre y art. 66.2 de la LRJS, en la papeleta **deben constar**:

- Datos personales del solicitante y de los demás interesados, con sus domicilios respectivos.

- Lugar y clase de trabajo que realiza el solicitante, categoría profesional, antigüedad, salario y demás remuneraciones, con especial referencia a la que sea objeto de reclamación.

- Enumeración clara y concreta de los hechos sobre los que verse su pretensión y cuantía económica, si fuere de esta naturaleza.

- Fecha del despido y motivos alegados por la empresa, en caso de despido.

- Fecha y firma.

CUESTIONES

1. ¿Se puede presentar la papeleta de conciliación de manera telemática?

Es posible realizar el trámite de manera telemática o presencialmente.

2. ¿Quién puede presentar la papeleta de conciliación?

El interesado o, en el caso de que el solicitante esté o vaya a estar representado, su abogado, procurador, graduado social colegiado o cualquier persona que se encuentre en el pleno ejercicio de sus derechos civiles.

3. ¿Se puede anular la papeleta de conciliación por un error?

Se puede anular una papeleta de conciliación debido a un error. En este caso, es importante tener en cuenta el plazo para poder registrar una nueva.

4. En caso de que la papeleta de conciliación no reúna alguno de los requisitos citados, ¿ el órgano conciliador concederá un plazo para la subsanación? ¿este supuesto producirá la suspensión del cómputo de la caducidad o prescripción de la acción?

Recibida la papeleta, que se registrará en los libros que se lleven al efecto, se examinará para determinar si reúne o no los requisitos exigidos, solicitando las aclaraciones necesarias, en su caso, para que las citaciones de los interesados sean hechas correctamente, devolviendo al compareciente una de las copias debidamente sellada y fechada, haciéndole saber el lugar, día y hora de la celebración de la conciliación, que deberá efectuarse dentro de los plazos legales, firmando a tal efecto la correspondiente diligencia. Si el compareciente fuese persona distinta del solicitante y rechazase la citación, se practicará como la de los otros interesados (art. 8.2 del Real Decreto 2756/1979, de 23 de noviembre).

JURISPRUDENCIA

STS, rec. 1205/2001, de 23 de enero de 2002, ECLI:ES:TS:2002:9592

*«Debe aplicarse la limitación de los salarios de trámite a los consignados tras la incomparecencia del empresario al acto de conciliación, al litigante pasivo ausente que no pudo comparecer por **no haber sido debidamente citado** y se ve privado, no sólo de la posibilidad de llegar a un acuerdo, sino además de cualquier otro derecho o beneficio que pudiera haberle reportado la asistencia al acto, cual es el que le confiere el citado art. 56.2 del ET».*

4.1.2. Correlación entre solicitud de conciliación y demanda

El apdo. 1.c) del art. 80 de la LRJS establece:

«(...) En ningún caso podrán alegarse hechos distintos de los aducidos en conciliación o mediación ni introducirse respecto de la vía administrativa previa variaciones sustanciales en los términos prevenidos en el artículo 72, salvo los hechos nuevos o que no hubieran podido conocerse con anterioridad».

Hay que tener siempre presente que los **hechos sobre los que verse la pretensión** y aquellos imprescindibles para resolver las cuestiones planteadas en la papeleta de conciliación deben ser coincidentes con los alegados en la demanda posterior, ya que, conforme establece los arts. 72, 80.1.c) y 85.2 de la Ley 36/2011, de 10 de octubre, en relación con los requisitos de la demanda, no podrán alegarse hechos distintos de los aducidos en conciliación ni introducirse respecto de la vía administrativa previa variaciones sustanciales, salvo los hechos nuevos o que no hubieran podido conocerse con anterioridad. En consecuencia, los hechos novedosos y se aleguen después de la demanda inicial se tendrán por no formulados.

El TS, en su **STS, rec. 877/2017, de 25 de junio de 2020, ECLI:ES:TS:2020:2148**, resuelve sobre hechos que no fueron alegados en conciliación de manera que «Ni en la papeleta de conciliación, ni en el acto de conciliación, la actora formuló alegación alguna respecto a que se encontraba embarazada, por lo que, al haberse alegado en los escritos de ampliación de la demanda hechos distintos de los aducidos en conciliación, no procede tomar en consideración dichos hechos, es decir, la situación de embarazo de la trabajadora en el momento del despido».

Es decir, debe existir **correlación entre la solicitud o papeleta de conciliación y la demanda** posterior, y dicha correlación se refiere a identidad de:

– Personas/partes.
– Hechos.

- Causa de pedir.
- Lo que se pide o suplica.

Ello salvo que se trate de una reducción de la petición, claro está. Si no existe tal correlación, la demanda **no se admitirá**.

Respecto a la limitación anterior, el art. 80.1 c) de la Ley 36/2011, de 10 de octubre, reguladora de la jurisdicción social, es claro, pero precisa los denominados *«hechos nuevos»: «En ningún caso podrán alegarse hechos distintos de los aducidos en conciliación o mediación, salvo los hechos nuevos o que no hubieran podido conocerse con anterioridad».* Eso quiere decir que, en el caso de que existan hechos nuevos que no puedan haberse conocido con anterioridad, sino que se conocen con posterioridad —bien al interponerse la demanda o bien una vez realizada la conciliación previa ante el SMAC—, sí podrán alegarse en la jurisdicción social.

JURISPRUDENCIA

STS n.º 362/2024, 23 de febrero de 2024, ECLI:ES:TS:2024:1224

No es necesario anunciar la excepción de prescripción en la conciliación o mediación previa. Puede alegarse por primera vez en el acto del juicio.

STS, rec. 32/2004, de 22 de marzo de 2005, ECLI:ES:TS:2005:1774

La variación sustancial a la que hace referencia la norma «(...) debe estar referida a los elementos identificadores de la pretensión, de manera que, en última instancia, lo que se pretende con la prohibición de variaciones sustanciales, es el respeto de la situación de igualdad de las partes y del derecho a una adecuada garantía de defensa».

STS n.º 104/2022, de 2 de febrero, ECLI:ES:TS:2022:503

No pueden alegarse en suplicación, cuestiones nuevas «(...) si no impugna el despido por haberla infringido, no puede alegarla por primera vez en suplicación porque se trata de una cuestión nueva suscitada en dicho recurso extraordinario, lo que impide su examen».

STS, rec. 2880/2007, de 22 de diciembre de 2008, ECLI:ES:TS:2008:7219

Sobre *la no aportación de la certificación de la conciliación:*

«Si en los casos generales los defectos, omisiones o infracciones en que haya podido incurrir la demanda implica la no admisión del escrito inicial del proceso hasta que no se subsane el defecto "dentro del plazo de cuatro días" a que se refiere el artículo 81.1 de la LRJS, cuando se trata de no aportación de la certificación del actor de conciliación, el legislador adopta una solución distinta, pues el demandante ha de acreditar la celebración o el intento del expresado acto en el plazo de quince días, contados a partir del día siguiente a la recepción de la notificación, bajo apercibimiento que de no hacerlo así se archivará la demanda sin más trámite. La citada norma quizá sea debida a "compensar" el retraso que la conciliación obligatoria ante un órgano administrativo supone al ejercicio del derecho a la jurisdicción y a la obtención de tutela efectiva judicial. El plazo se eleva de cuatro a quince días y el contenido de la subsanación se concreta en una actividad del demandante consistente en que, dentro del citado plazo, se presente la solicitud de conciliación ante el SMAC, se celebre el acto y se aporte al Juzgado la certificación del acto de conciliación».

RESOLUCIONES RELEVANTES

STSJ de Canarias, rec. 85/2013, de 20 de marzo de 2013, ECLI:ES:TSJICAN:2013:2049

«En ningún caso podrán alegarse hechos distintos de los aducidos en concilia-ción o mediación ni introducirse respecto de la vía administrativa previa variaciones sustanciales».

SAN, rec. 4/2013, de 13 de marzo de 2013, ECLI:ES:AN:2013:1026

«La supuesta ausencia de garantías democráticas en las votaciones del referén-dum y la supuesta contradicción en la regulación de las vacaciones, no mencionadas ni en la papeleta de conciliación ni en demanda, como hecho nuevo varía sustancial-mente la demanda y genera manifiesta indefensión».

STC n.º 127/2006, de 24 de abril, ECLI:ES:TC:2006:127

Se le concede el amparo a la persona trabajadora porque se ve cumplido el re-quisito de la conciliación previa:

«El demandante cumplió el requisito de la conciliación previa, por lo que tanto el requerimiento de subsanación como el archivo final de su demanda carecían de causa legal. En consecuencia, la decisión judicial de archivo resulta a todas luces irrazonable y constituye una limitación injustificada del derecho fundamental a la tu-tela judicial efectiva, en su vertiente de derecho de acceso a la jurisdicción, privando injustificadamente al demandante de una resolución sobre el fondo del asunto, lo que conduce al otorgamiento del amparo solicitado».

4.1.3. Lugar de presentación, plazos y admisión de la papeleta de conciliación

Resulta requisito previo para la tramitación del proceso el intento de conci-liación o, en su caso, de mediación ante el servicio administrativo correspon-diente o ante el órgano que asuma estas funciones que podrá constituirse mediante los acuerdos interprofesionales o los convenios colectivos a los que se refiere el artículo 83 del Texto Refundido de la Ley del Estatuto de los Trabajadores, así como mediante los acuerdos de interés profesional a los que se refieren el artículo 13 y el apartado 1 del artículo 18 de la Ley del Estatuto del trabajo autónomo.

1. Solicitud y presentación

La papeleta de conciliación se debe presentar (por escrito o de forma tele-mática) **ante el registro del servicio administrativo correspondiente o ante el órgano que asuma estas funciones, habitualmente denominado SMAC** (Servicio de Mediación, Arbitraje y Conciliación).

La norma establece la presentación ante el órgano competente del lugar de prestación de los servicios o del domicilio del interesado, a elección del solicitante, el cual, en principio, debe coincidir territorialmente con el órgano judicial asimismo competente por el territorio para conocer del asunto.

Ahora bien, eso no obsta para que se admita como válida la presentación de la papeleta en las **oficinas de Correos**, de conformidad con lo establecido en el apartado 4 del artículo 16 de la Ley 39/2015, de 1 de octubre, del Procedimiento Administrativo Común de las Administraciones Públicas, ya que, al tratarse de un trámite anterior al proceso y de carácter administrativo, participa de la aplicación de dichas normas. En este caso, la fecha de presentación es la de su entrega en la oficina de Correos, mediante presentación en sobre abierto para que el funcionario selle con esa fecha el documento que se envía, siendo ello lo que permite a la Administración destinataria ajustarse a dicha fecha, y una copia para el presentador (STS n.° 689/2017, de 19 de septiembre, ECLI:ES:TS:2017:3436). Ni para que la jurisprudencia esté plagada de excepciones y situaciones de validez de la presentación de la papeleta de conciliación en órganos territorialmente incompetentes.

RESOLUCIONES RELEVANTES

STSJ de Madrid, rec. 388/2019, de 25 de octubre de 2019, ECLI:ES:TSJM:2019:10567

«La presentación de la papeleta de conciliación y posterior demanda ante un Juzgado de lo Social territorialmente incompetente suspende el plazo de caducidad de la acción de despido».

STSJ de Castilla y León, rec. 610/2006, de 5 de julio de 2006, ECLI:ES:TSJCL:2006:3887

«Una defectuosa tramitación administrativa por parte de la Dirección General de Trabajo ante la que se presentó la papeleta de conciliación, que tardó 11 días en advertir su falta de competencia y su remisión al órgano administrativo competente, en ningún caso puede redundar en perjuicio de la trabajadora, por lo que sólo por motivos meramente lógicos dicho plazo habría de descontarse del de caducidad. La papeleta de conciliación puede presentarse ante cualquier órgano administrativo, por lo que la presentación ante un órgano administrativo autonómico, aun cuando no sea competente territorialmente, tiene efectividad para suspender el plazo de caducidad de la acción por despido».

JURISPRUDENCIA

STS n.° 426/2023, de 13 de junio del 2023, ECLI:ES:TS:2023:2623

La falta de presentación del certificado de haberse celebrado el acto de conciliación o intentado sin efecto en el plazo de requerimiento de subsanación otorgado no supone el archivo de actuaciones.

STS, rec. 1223/2015, de 19 de septiembre de 2017, ECLI:ES:TS:2017:343

«Presentación de la papeleta de conciliación en una oficina de correos. La naturaleza preprocesal de la conciliación previa hace que sea partícipe de normas laborales, pero también de las administrativas. Por lo que la presentación del escrito en estas dependencias despliega los mismos efectos que si se hubiera hecho en un Registro administrativo, en especial respecto de la suspensión del plazo de caducidad para accionar».

STS, rec. 4353/2008, de 8 de febrero de 2010, ECLI:ES:TS:2010:881

«La presentación de papeleta de conciliación ante el Servicio de Mediación, Arbitraje y Conciliación en la provincia donde el trabajador tiene su domicilio suspende el plazo de caducidad de la acción ejercitada ante el Juzgado de la provincia del domicilio de la empresa».

Sentencia del Tribunal Supremo, rec. 732/1992, de 16 de noviembre de 1992, ECLI:ES:TS:1992:8485

«El Gobierno Autonómico se halla plenamente facultado para regular la forma y lugar en que deban ser presentados los escritos dirigidos a cualquiera de los organismos de aquella Administración, y en consecuencia las papeletas de conciliación dirigidas al SEMAC. Es precisamente lo que hizo mediante el D. 100/1985 de 19 de abril, que permite la presentación de instancias, recursos, reclamaciones, quejas y documentos ante los Cabildos Insulares, para soslayar las dificultades físicas o geográficas que el archipiélago entraña».

Sentencia del Tribunal Constitucional n.º 77/2003, de 28 de abril, ECLI:ES:TC:2003:77

Analizando los requisitos para la presentación de escritos ante el servicio de correos en un caso en el que se omite la estampación de *sello de fechas en el documento principal*, el TC entiende que esta omisión carece de relevancia para impedir su acceso a la jurisdicción. Dado que el escrito se había presentado en lugar procedente y dentro de plazo, *«el principio pro actione exigía que el Juzgado de lo Social hubiese pasado a examinar las cuestiones de fondo planteadas por el ahora recurrente en amparo, máxime teniendo en cuenta la transcendental materia concernida, que no era otra que un despido que el demandante consideraba nulo».*

2. Plazos

Los plazos para la presentación de la papeleta de conciliación **son los plazos procesales establecidos en cada caso para la acción judicial posterior,** lo cual nos obliga a remitirnos al art. 43.4 de la LRJS, donde se especifica:

«4. Los días del mes de agosto y los días que median entre el 24 de diciembre y el 6 de enero del año siguiente, ambos inclusive, serán inhábiles, salvo en las **modalidades procesales de despido, extinción del contrato de trabajo de los artículos 50, 51 y 52 del texto refundido de la Ley del Estatuto de los Trabajadores, movilidad geográfica, modificación sustancial de las condiciones de trabajo, suspensión del contrato y reducción de jornada por causas económicas, técnicas, organizativas o de producción o derivadas de fuerza mayor, derechos de conciliación de la vida personal, familiar y laboral del artículo 139, impugnación de altas médicas, vacaciones, materia electoral, conflictos colectivos, impugnación de convenios colectivos y tutela de derechos fundamentales y libertades públicas, tanto en el proceso declarativo como en trámite de recurso o de ejecución.**

Tampoco serán inhábiles dichos días para la adopción de actos preparatorios, medidas precautorias y medidas cautelares, en particular en materia de prevención de riesgos laborales, accidentes de trabajo y enfermedades profesionales, así como para otras actuaciones que tiendan directamente a asegurar la efectividad de los derechos reclamados o para aquellas que, de no adoptarse, pudieran dar lugar a un perjuicio de difícil reparación.

Serán hábiles el mes de agosto y los días que median entre el 24 de diciembre y el 6 de enero del año siguiente, ambos inclusive, para el ejercicio de las acciones laborales derivadas de los derechos establecidos en la Ley Orgánica 1/2004, de 28 de diciembre, de Medidas de Protección Integral contra la Violencia de Género».

> **A TENER EN CUENTA**. Para el cómputo de plazos en el orden social, con carácter general, se consideran inhábiles los sábados, domingos, 24 y 31 de diciembre y festivos, además del mes de agosto, salvo las modalidades a las que se refiere el art. 43.4 de la LRJS. En esos casos, agosto será hábil.

Ahora bien, la presentación de la papeleta de conciliación tiene el importante efecto de **suspender los plazos de caducidad o interrumpir los de prescripción** (art. 7 del Real Decreto 2756/1979, de 23 de noviembre y art. 65 de la LRJS) .

Una vez intentada la conciliación o mediación, el cómputo de la caducidad se reanuda o reiniciará al día siguiente y, en todo caso, transcurridos quince días hábiles desde su presentación sin que se haya celebrado. Se trata de plazos hábiles, es decir, sin contar los sábados, domingos o festivos.

En todo caso, transcurrido el plazo de treinta días hábiles sin haberse celebrado el acto de conciliación o sin haberse iniciado mediación o alcanzado acuerdo en la misma se tendrá por terminado el procedimiento y cumplido el trámite

En plazos de caducidad, no se computan los días inhábiles, ni el día de presentación de la papeleta de conciliación, ni el día de celebración del acto de conciliación.

CUESTIONES

1. ¿Se computan dentro del plazo para la presentación de la papeleta de conciliación el día que se celebra el acto de conciliación?

El plazo de caducidad previsto en el artículo 59.3 del ET para el ejercicio de la acción de despido queda «congelado» durante la sustanciación de la conciliación, es decir, desde el día en que se interpone la papeleta de conciliación hasta aquel en que se lleva a cabo la misma. En este sentido encontramos la STSJ de Cataluña n.º 4803/2015, de 16 de julio de 2015, ECLI:ES:TSJCAT:2015:7414, y la STS n.º 350/2022, de 19 de abril de 2022, ECLI:ES:TS:2022:1489.

2. Respecto al plazo para presentar conciliación por despido, ¿agosto es hábil?

El plazo para la presentación de la papeleta de conciliación son 20 días hábiles (excluidos sábados, domingos y festivos) desde el momento del despido.

Agosto es hábil para la reclamación por despido al amparo de las excepciones establecidas en el art. 43 de la LJS.

3. ¿A partir de qué día empieza a contar el plazo para la presentación de la papeleta de conciliación si el despido es comunicado por burofax?

Como norma general, la fecha en la que el trabajador tiene conocimiento efectivo de la existencia del despido es la fecha a considerar. No obstante, para el caso del burofax, el art. 42 del Real Decreto 1829/1999, de 3 de diciembre, fija un periodo en el cual es posible retirar la notificación (30 días) y, si así se realizase, la prescripción computará desde fecha de recepción de la comunicación.

La STS n.º 82/2020, de 29 de enero, ECLI:ES:TS:2020:418, ha concluido que el dies a quo para el plazo de caducidad de la acción de despido se fija en la fecha en la que el trabajador recoge el burofax en la oficina postal (fecha en la que tiene conocimiento de la carta de despido), y no la fecha en la que Correos deja el aviso para la retirada de la notificación.

Lo anterior se aplica siempre que el trabajador no haya retrasado maliciosamente o de forma irrazonable el conocimiento de la carta o la haya rehusado su recepción.

JURISPRUDENCIA

Sentencia del Tribunal Supremo, rec. 738/2002, de 2 de diciembre de 2002, ECLI:ES:TS:2002:8063

«Cuando el plazo de la acción es de prescripción, el efecto interruptivo de la misma termina cuando se celebra la conciliación sin avenencia o cuando, a pesar de no haberse celebrado el acto conciliatorio, han transcurrido treinta días, dado que la omisión del acto. Lógica consecuencia es que cesa la interrupción de la prescripción a que dio lugar la papeleta de conciliación, y que el plazo de prescripción comienza a contarse de nuevo y por entero. Y ello a diferencia de la caducidad, cuyo plazo no vuelve a iniciarse, sino que, en su cómputo, se tienen en cuenta los días transcurridos hasta la presentación de la papeleta de conciliación y se añaden únicamente, después de intentado el acuerdo, los días que resten para el cumplimiento del plazo. La prescripción extintiva, al ser una institución que no se funda en razones de estricta justicia, sino que atiende a las pragmáticas consecuencias de dotar a las relaciones jurídicas de un mínimo de certeza y seguridad, debe ser interpretada con criterio estricto, de modo que ha de admitirse la interrupción del plazo prescriptivo en todos aquellos casos en los que medien actos del interesado que evidencian la voluntad de conservar el derecho».

Sentencia del Tribunal Supremo, rec. 3754/2015, de 27 de octubre de 2016, ECLI:ES:TS:2016:5071

«La suspensión del cómputo de la caducidad tiene una duración limitada en el tiempo, sometida a dos diferentes parámetros, de tal manera que se tomará como referencia el que primero acontezca de los dos. Así, de acuerdo con el art. 65.1 LRJS el cómputo de la caducidad se reanuda bien al día siguiente de intentada la conciliación, bien transcurridos quince días hábiles —concretamente, al día siguiente hábil de esos quince días hábiles— desde la presentación de la solicitud de conciliación si ésta no se hubiera intentado con anterioridad. El primero constituye un plazo indeterminado, en la medida en que no es posible conocer a priori el día en que la conciliación será intentada, mientras que el segundo es un plazo absoluto e inamovible, pues este plazo de quince días no se ampliará ni siquiera en el caso de que la solicitud de conciliación requiera de subsanación, para lo que se le habrá concedido un plazo al solicitante que, de esta manera, se solapa con el de la suspensión de la caducidad de la acción. En ambos casos, no habrá de computarse en el plazo el mismo día de la presentación de la demanda. Este plazo de quince días hábiles desde la presentación de la papeleta de conciliación, sin que ésta se haya celebrado, implica que el cómputo de la caducidad se reanuda a partir del siguiente día sin esperar a que se celebre el acto conciliatorio y sin que una celebración posterior de éste implique la suspensión retroactiva del plazo que ya se reanudó».

Sentencia del Tribunal Supremo, rec. 2880/2007, de 22 de diciembre de 2008, ECLI:ES:TS:2008:7219

«No hay caducidad cuando la demanda en reclamación de despido se presentó dentro del plazo de 20 días y el Juzgado de lo Social que la admitió a trámite advirtió al trabajador de la falta del acto de conciliación y le concedió un plazo para su subsanación, que fue debidamente cumplimentado. El ET, no dice, en forma alguna, que la acción caduca cuando, dentro del plazo de caducidad, y abstracción hecha de que se haya acudido o no al órgano administrativo competente para conocer de la papeleta de conciliación y su tramitación, el trabajador haya presentado su demanda ante el órgano jurisdiccional. Y cuando se trata de no aportación de la certificación del actor de conciliación, el legislador otorga el plazo de quince días, contados a partir del día siguiente a la recepción de la notificación».

Sentencia del Tribunal Supremo, rec. 1225/2016, de 24 de abril de 2018, ECLI:ES:TS:2018:1713

*«Caducidad de la acción por despido en el caso de una socia trabajadora de cooperativa de trabajo asociado que recurre su expulsión por la realización de faltas muy graves. La presentación de la papeleta de conciliación laboral no suspende el plazo de caducidad porque se trata de un **trámite que no es preceptivo** y la cooperativa demandada no acudió al acto de conciliación».*

Sentencia del Tribunal Supremo, rec. 2301/2012, de 3 de junio de 2013, ECLI:ES:TS:2013:3481

*«Supuesto en el que, descontados los días inhábiles, la conciliación se planteó el día número 21 del cómputo, antes de las 15 horas. El plazo de caducidad de 20 días hábiles para el ejercicio de la acción de despido queda gráficamente «congelado» durante la sustanciación de la conciliación, esto es, **desde el día en que se interpone la papeleta de conciliación hasta aquél en que se lleva a cabo la misma**. Por tanto, no hay motivo para la no aplicación del artículo 135 LEC y, cabe entender que si la conciliación no ha "consumido" ningún día del plazo de caducidad, deberá hacerse un paréntesis con ese tiempo, de manera que cuando el día 20 es el inmediatamente anterior a la demanda de conciliación, ésta podría interponerse hasta las 15 horas del día siguiente a la finalización de tal plazo, esto es, hasta las quince horas del día número 21, puesto que en la fase final, la demanda procesal realmente se interpuso el mismo día de la conciliación celebrada sin avenencia, por lo que ningún día se consumió con ello del repetido plazo. Si el actor interpuso el **día siguiente al plazo de 20 días la papeleta de conciliación antes de las 15 horas**, realmente actuó dentro de plazo, pues ese día resultaba legalmente posible hacerlo de manera eficaz en derecho, cuando la demanda por despido se planteó el mismo día en que se celebró el acto de conciliación sin avenencia».*

Sentencia del TSJ Canarias, rec. 1461/2017, de 31 de enero de 2018, ECLI:ES:TSJICAN:2018:538

«El plazo de quince días hábiles establecido legalmente desde la presentación de la papeleta de conciliación, sin que ésta se haya celebrado, supone que el cómputo de la caducidad se reanuda a partir del día siguiente».

Sentencia del TSJ Cataluña, rec. 1370/2000, de 8 de junio, ECLI:ES:TSJCAT:2000:7664

«Presentada por el actor papeleta de conciliación, el plazo de los 15 días a partir de los cuales se reanudará el plazo de caducidad comenzará a computarse a partir del día siguiente a la presentación de la citada papeleta y no a partir del día de la presentación como se pretende, habiendo sido presentada conforme a ese cómputo la demanda en tiempo y forma».

Sentencia del TSJ Cataluña, rec. 2719/2016, de 21 de junio de 2016, ECLI:ES:TSJCAT:2016:5670

*«Determinación del **cómputo de los veinte días hábiles** de caducidad desde el día de finalización de servicios o en que se hubiere producido. Para el cómputo de dicho plazo debe descontarse el día del despido, el día de presentación de la papeleta de conciliación, el plazo de suspensión por la presentación de dicha papeleta y los sábados».*

3. Admisión

Con la presentación de la papeleta de conciliación, se cumple el trámite del requisito preceptivo de presentarla ante el SMAC (salvo las excepciones establecidas en el art. 64 de la LRJS).

Recibida la papeleta en el órgano administrativo competente (SMAC), esta se registra, se examina para determinar si reúne o no los requisitos exigidos, solicitando las aclaraciones necesarias, en su caso, para que las citaciones de los interesados sean hechas correctamente, y se devuelve al compareciente una de las copias debidamente sellada y fechada (art. 8 del Real Decreto 2756/1979, de 23 de noviembre).

Si la papeleta adolece de defectos subsanables en el acto, se corrigen en ese mismo momento; si no, se concede un plazo al solicitante para subsanar y se realiza la admisión, lo que es relevante a efectos del cómputo de plazos. Si no se subsanan en plazo los defectos, se archiva el expediente.

Al mismo tiempo, se le hace saber el lugar, día y hora de la celebración de la conciliación, firmando a tal efecto la correspondiente diligencia. Si el compareciente es persona distinta del solicitante que rechaza la citación, esta se notifica como a los demás interesados.

Con la papeleta presentada se inicia el oportuno expediente, al que se incorporan, además de las diligencias de citación, todas las actuaciones posteriores.

De las copias aportadas se da traslado a los demás interesados mediante comunicación escrita en correo certificado con acuse de recibo, oficio, telegrama o cualquier otro medio del que quede la debida constancia, con indicación del lugar, día y hora en que ha de celebrarse el acto.

A modo de resumen, **si la papeleta presenta defectos**:

- En cuanto a datos necesarios para realizar correctamente las citaciones u otros datos defectuosos o que no se han hecho constar, pero subsanables en el momento: se solicitarán al presentador compareciente las aclaraciones que se consideren necesarias y se le devuelve una copia debidamente sellada y fechada, al mismo tiempo que se le hace saber el lugar, día y hora de celebración del acto de conciliación, dentro de los plazos legales, a cuyo efecto se firma la correspondiente diligencia.

- Otros datos no subsanables en el momento: se le concede un plazo para subsanar los defectos.

  - Si se subsanan en plazo, se admite la solicitud de conciliación, con efectos al día de presentación (fecha que se tendrá en cuenta para el cómputo de los plazos de caducidad o prescripción y de los quince días que se deben tener en cuenta en todo caso, conforme establece el art. 65.1 de la LRJS) y no el de subsanación.

  - Si no se subsanan los defectos en plazo, el expediente se archivará sin más trámite y sin producir efecto alguno.

4.2. Efectos de la presentación de la papeleta de conciliación

La presentación de la papeleta de conciliación ante el SMAC, despliega efectos importantes que tendrán repercusión a la hora de acudir a la vía judicial, en el caso, que no se llegue a un acuerdo en la administrativa, estos efectos son:

– Suspensión de los plazos de caducidad.

– Interrupción de los plazos de prescripción.

Los efectos de la presentación de la papeleta de conciliación vienen regulados en el art. 7 del Real Decreto 2756/1979, de 23 de noviembre reseñando que *«(...) la presentación de la papeleta interrumpirá los plazos de caducidad de acciones y se reanudará su cómputo a partir del día siguiente de intentada la conciliación o transcurridos quince días sin que se haya celebrado»* y en el art. 65 de la Ley 36/2011, de 10 de octubre, reguladora de la jurisdicción social, cuando indica (con efectos de 03/04/2025) que *«La presentación de la solicitud de conciliación o de mediación interrumpirá la prescripción o suspenderá la caducidad de acciones desde la fecha de dicha presentación».*

De conformidad con los artículos anteriores, la presentación de la solicitud de conciliación tiene dos efectos importantes:

– Interrumpe los plazos de prescripción.

– Suspende los plazos de caducidad.

1. Interrupción de la prescripción

Los efectos de la interrupción de la prescripción por la presentación de la papeleta o solicitud de conciliación son claros: el plazo se comienza a computar de nuevo cuando se celebre el acto de conciliación con el resultado de sin avenencia o sin efecto por incomparecencia del requerido, o cuando hayan transcurrido treinta días hábiles sin haberse celebrado o sin haberse alcanzado acuerdo.

JURISPRUDENCIA

STS, rec. 738/2002, de 2 de diciembre de 2002, ECLI:ES:TS:2002:8063

*«Cuando el plazo de la acción es de prescripción, el efecto interruptivo de la misma termina cuando se celebra la conciliación sin avenencia o cuando, a pesar de no haberse celebrado el acto conciliatorio, han transcurrido treinta días, dado que la omisión del acto. **Lógica consecuencia es que cesa la interrupción de la prescripción a que dio lugar la papeleta de conciliación, y que el plazo de prescripción comienza a contarse de nuevo y por entero.** Y ello a diferencia de la caducidad, cuyo plazo no vuelve a iniciarse, sino que, en su cómputo, se tienen en cuenta los días transcurridos hasta la presentación de la papeleta de conciliación y se añaden únicamente, después de intentado el acuerdo, los días que resten para el cumplimiento del plazo. La prescripción extintiva, al ser una institución que no se funda en razones de estricta justicia, sino que atiende a las pragmáticas consecuencias de dotar a las relaciones jurídicas de un mínimo de certeza y seguridad, debe ser interpretada con criterio estricto, de modo que ha de admitirse la interrupción del plazo prescriptivo en todos aquellos casos en los que medien actos del interesado que evidencian la voluntad de conservar el derecho».*

STS n.° 297/2023, de 25 de abril del 2023, ECLI:ES:TS:2023:1825

Reclamación de cantidad: no opera la prescripción de la acción, por cuanto no ha transcurrido el plazo de un año. En la prescripción ha de considerarse que los plazos pueden interrumpirse, pero no suspenderse.

«(...) debemos recordar que la Sala ha venido a otorgar a la papeleta de conciliación el alcance de reclamación extrajudicial [12/05/2003, R. 3988/2002,] iniciándose el plazo nuevamente al día siguiente de tener el acto por intentado sin efecto [STS 02/12/2002, R. 738/2002].

2. Suspensión del plazo de caducidad

El cómputo de la caducidad se reanudará al día siguiente de intentada la conciliación (o mediación) o transcurridos quince días hábiles, excluyendo del cómputo los sábados, desde su presentación sin que se haya celebrado.

En todo caso, transcurridos treinta días hábiles sin haberse celebrado el acto de conciliación (o sin haberse iniciado mediación o alcanzado acuerdo en la misma), se tendrá por terminado el procedimiento y cumplido el trámite y, como consecuencia, se podría presentar la demanda correspondiente ante la jurisdicción social.

> **A TENER EN CUENTA**. A la hora de presentar la demanda correspondiente ante la jurisdicción social, es importante tener presente los arts. 43 (días hábiles e inhábiles) y 45 de la LRJS (plazo y lugar de presentación de escritos).

- Los días del mes de agosto serán inhábiles, salvo en las modalidades procesales de despido, extinción del contrato de trabajo de los arts. 50, 51 y 52 del ET, movilidad geográfica, modificación sustancial de las condiciones de trabajo, suspensión del contrato y reducción de jornada por causas económicas, técnicas, organizativas o de producción o derivadas de fuerza mayor, derechos de conciliación de la vida personal, familiar y laboral del artículo 139, impugnación de altas médicas, vacaciones, materia electoral, conflictos colectivos, impugnación de convenios colectivos y tutela de derechos fundamentales y libertades públicas, tanto en el proceso declarativo como en trámite de recurso o de ejecución.

- Será hábil el mes de agosto para el ejercicio de las acciones laborales derivadas de los derechos establecidos en la Ley Orgánica 1/2004, de 28 de diciembre, de Medidas de Protección Integral contra la Violencia de Género.

- Cuando la presentación de un escrito esté sujeta a plazo, podrá efectuarse hasta las quince horas del día hábil siguiente al del vencimiento del plazo en el servicio común procesal creado a tal efecto o, de no existir este, en la sede del órgano judicial.

JURISPRUDENCIA

STS n.º 350/2022, de 19 de abril de 2022, ECLI:ES:TS:2022:1489

Referente al cómputo del plazo de caducidad: la suspensión del plazo tras la presentación de la papeleta de conciliación y reanudación del cómputo tras la celebración de dicho acto o transcurridos quince días hábiles desde la indicada presentación:

«(...) el plazo de caducidad previsto en el artículo 59.3 ET para el ejercicio de la acción de despido queda gráficamente "congelado" durante la sustanciación de la

conciliación, esto es, desde el día en que se interpone la papeleta de conciliación hasta aquél en que se lleva a cabo la misma».

STS, rec. 1784/2014, de 26 de mayo de 2015, ECLI:ES:TS:2015:3033

«(...) que el plazo de caducidad previsto en el artículo 59.3 del ET para el ejercicio de la acción de despido queda gráficamente "congelado" durante la sustanciación de la conciliación, esto es, desde el día en que se interpone la papeleta de conciliación hasta aquél en que se lleva a cabo la misma. Por tanto, teniendo cuenta esa naturaleza de la conciliación, tal y como hemos razonado, en absoluto desvinculada del proceso, no hay motivo para la no aplicación del artículo 135.1 de la LEC y, por el contrario, cabe en consecuencia entender que si la conciliación no ha "consumido" ningún día del plazo de caducidad, deberá hacerse un paréntesis con ese tiempo, de manera que cuando el día 20 es el inmediatamente anterior a la demanda de conciliación, ésta podría interponerse —como podría haberse hecho con la demanda por despido— hasta las 15 horas del día siguiente a la finalización de tal plazo, esto es, hasta las quince horas del día número 21, puesto que en la fase final, la demanda procesal realmente se interpuso el mismo día de la conciliación celebrada sin avenencia, por lo que ningún día se consumió con ello del repetido plazo».

STS, rec. 2301/2012, de 3 de junio de 2013, ECLI:ES:TS:2013:3481

*«El plazo de caducidad previsto para el ejercicio de la acción de despido queda «congelado» durante la sustanciación de la conciliación, esto es, desde el día en que se interpone la papeleta de conciliación hasta aquél en que se lleva a cabo la misma. Por tanto, teniendo cuenta esa naturaleza de la conciliación, no hay motivo para la no aplicación del artículo 135 de la LEC y, por el contrario, cabe en consecuencia entender que si la conciliación no ha «consumido» ningún día del plazo de caducidad, deberá hacerse un paréntesis con ese tiempo, de manera que cuando el día 20 es el inmediatamente anterior a la demanda de conciliación, ésta podría interponerse —como podría haberse hecho con la demanda por despido— **hasta las 15 horas del día siguiente a la finalización de tal plazo**, esto es, hasta las quince horas del día número 21, puesto que en la fase final, la demanda procesal realmente se interpuso el mismo día de la conciliación celebrada sin avenencia, por lo que ningún día se consumió con ello del repetido plazo».*

La jurisprudencia ha concluido de forma clara que, a efectos del cómputo del plazo y suspensión del mismo para la caducidad de la acción contra el despido, **no se tiene en cuenta el día de interposición de la papeleta de conciliación ante el órgano administrativo ni tampoco el día en que se celebra el acto sin avenencia**. Extremo este importante en tanto procesos tales como el de despido tienen un plazo de caducidad de 20 días hábiles para interponerlo.

Sobre lo anterior hemos de tener en cuenta:

- El art. 135.1 de la LEC, en relación con la presentación de escritos y documentos en formato electrónico, indica que se podrán presentar «todos los días del año durante las veinticuatro horas».

- El art. 135.5 de la LEC, que establece un **«día de gracia»**: la presentación de escritos y documentos podrá realizarse hasta las 15.00 horas del día siguiente hábil al vencimiento del plazo. En este caso, antes de las tres de la tarde del día 21 hábil.

CÓMPUTO DEL PLAZO DE CADUCIDAD (20 DÍAS HÁBILES). NO se computan:
1.º) Sábados, domingos y festivos.
2.º) Día de efectos del despido.
3.º) Día de presentación de la papeleta de conciliación.
4.º) Día de celebración de la conciliación.
5.º) Día de presentación de la demanda.

A todo lo anterior, se le puede sumar algunas circunstancias que pueden paralizar el cómputo del plazo de caducidad, como es solicitar **abogado de oficio**, aunque se le deniegue el derecho. En esta línea nos encontramos la STSJ de Galicia n.º 2790/2021, de 7 de julio, ECLI:ES:TSJGAL:2021:3989, la cual expresa que «(...) la solicitud de designación de abogado por el turno de oficio por los trabajadores y los beneficiarios del sistema de seguridad social que, por disposición legal ostentan el derecho a la asistencia jurídica gratuita, dará lugar a la suspensión de los plazos de caducidad o la interrupción de la prescripción de acciones». En este caso, el cómputo del plazo se reanudará al día siguiente en que se le notifique la designación de abogado o la denegación.

CUESTIONES

1. ¿Cuáles son las claves para el cómputo de plazos en caso de pretender realizar una demandar por despido?

El plazo improrrogable para impugnar un despido ante los tribunales en España es de 20 días hábiles (art. 59.3 del ET) . Este plazo es de caducidad. lo que significa que, una vez transcurrido, el trabajador no podrá reclamar una indemnización ni impugnar el despido.

– *Inicio del cómputo del plazo*: el plazo comienza a contar desde el día siguiente a la fecha de efectos del despido, que generalmente se indica en la carta de despido. Por ejemplo, si un trabajador es notificado de su despido el 1 de marzo y la fecha de efectos es el 15 de marzo, el plazo comenzará a contar el 16 de marzo.

– *Notificación a través de burofax*: en caso de notificación por burofax, el plazo empieza a contar desde que el trabajador recoge la notificación en correos, no desde que se le deja el aviso en el buzón.

– *Días hábiles*: se consideran inhábiles los sábados, domingos y festivos de la localidad del Juzgado de lo Social donde se ejercite la demanda. Además, los días 24 y 31 de diciembre también son inhábiles. Agosto es considerado hábil para la impugnación del despido.

– *Solicitud de abogado de oficio*: la solicitud de un abogado de oficio paraliza el plazo de caducidad durante el tiempo que duren los trámites de designación. El cómputo del plazo se reanuda al día siguiente de la notificación de la designación del abogado .

– *Plazo para interponer la conciliación en el SMAC*: la presentación de la papeleta de conciliación laboral suspende el plazo de 20 días hábiles. El día de presentación de la papeleta y el día de celebración del acto de conciliación no se cuentan. El plazo se reanuda al día siguiente de la celebración del acto de conciliación o transcurridos 15 días hábiles desde la presentación de la papeleta si no se ha celebrado el acto.

– *Día de gracia*: existe un día de gracia para la presentación de la papeleta de conciliación o demanda, hasta las 15:00 horas del día siguiente hábil al vencimiento del plazo. (STS n.º 727/2024, de 22 de mayo, ECLI:ES:TS:2024:2879).

2. ¿Se aplica en la conciliación previa extrajudicial el día de gracia en el proceso laboral?

A pesar de que, con la llegada de Lexnet, el panorama de la presentación de escritos ha evolucionado, permitiendo a los sujetos que tienen relaciones con la justicia presentar los escritos cualquier día del año y las 24 horas, hemos de entender vigente la jurisprudencia de la STS, rec. 2301/2012, de 3 de junio de 2013, ECLI:ES:TS:2013:3481 (aplicación el ex artículo 135.1 de la Ley de Enjuiciamiento Civil), donde se unifica doctrina y extiende el «día de gracia» al acto de conciliación extrajudicial. No obstante, la resolución de la Audiencia Provincial de Zaragoza n.º 287/2020, de 20 de noviembre, ECLI:ES:APZ:2020:1625 (civil), entiende que, con la posibilidad de presentación telemática, se hace innecesario el «día de gracia»:

«(...) presentados los escritos y documentos por medios telemáticos, se emitirá automáticamente recibo por el mismo medio, con excepción del número de entrada de registro y de la fecha y la hora de presentación, en la que se tendrán por presentados a todos los efectos. En caso de que la presentación tenga lugar en día u hora inhábil a efectos procesales conforme a la ley, se entenderá efectuada el primer día y hora hábil siguiente».

4.3. Citación de las partes a la conciliación laboral

Una vez presentada y admitida la papeleta de conciliación, se da **traslado a los demás interesados** (y, en su caso, al solicitante), de las copias aportadas por el presentador, con indicación del lugar, día y hora en que ha de celebrarse el acto.

La parte que presenta la papeleta es citada en el mismo acto de presentación, si bien cuando el compareciente es persona distinta del solicitante y rechaza la citación, esta se le notificará como a los demás interesados, es decir, **por escrito mediante correo certificado con acuse de recibo, oficio, telegrama o cualquier otro medio del que quede debida constancia** (art. 8 del Real Decreto 2756/1979, de 23 de noviembre).

Una vez presentada y admitida la papeleta de conciliación, el órgano administrativo es el encargado de dar **traslado a los demás interesados** (y, en su caso, al solicitante), de las copias aportadas por el presentador, con indicación del lugar, día y hora en que ha de celebrarse el acto.

Tales citaciones se hacen habitualmente por correo certificado con acuse de recibo (art. 3 del Real Decreto 2756/1979, de 23 de noviembre).

La citación debe efectuarse para un día y una hora **dentro de los plazos legales**. Esto significa que, en principio, debe ser para dentro de los quince días siguientes a la presentación cuando la acción tiene un plazo de caducidad, o de treinta días cuando el plazo es de prescripción. Si no se celebra el acto de conciliación en esos plazos, se tiene por cumplido el trámite y se reanudan y reinician, respectivamente, los plazos de caducidad y de prescripción.

RESOLUCIONES RELEVANTES

STC rec. 5693/2017, de 8 de abril de 2019, ECLI:ES:TC:2019:47, y STC, rec. 2578/2018, de 16 de septiembre de 2019, ECLI:ES:TC:2019:102

«Vulneración del derecho a la tutela judicial sin indefensión. Indebido proceder del órgano judicial al realizar la comunicación en un procedimiento por sanción relativa al día de celebración de los actos de conciliación y juicio a través del correo electrónico habilitado, en vez de efectuar la citación como legalmente procede: mediante correo certificado en su domicilio social, al tratarse de la primera citación de la parte demandada aún no personada».

STSJ Cataluña, rec. 6235/2014, de 29 de enero de 2015, ECLI:ES:TSJCAT:2015:2429

«La reanudación del plazo de caducidad se produce el decimosexto día hábil posterior a la presentación de la solicitud de conciliación, de manera que si en el decimoquinto día hábil, descontando sábados y festivos, desde que se presentó la conciliación, no se ha celebrado el acto, el día hábil siguiente se reanudó el plazo de caducidad. Transcurridos treinta días, computados en la forma indicada en el número anterior, sin haberse celebrado el acto de conciliación o sin haberse iniciado mediación o alcanzado acuerdo en la misma se tendrá por terminado el procedimiento y cumplido el trámite».

STSJ Cataluña, rec. 1235/2002, de 18 de octubre de 2002, ECLI:ES:TSJCAT:2002:11644

«La presentación de la papeleta de conciliación ante el oportuno servicio administrativo tiene efectos interruptivos de la prescripción respecto al FOGASA».

La **vulneración de las normas de citación** del acto de conciliación, aunque se regulen por la norma administrativa, tiene consecuencias en el proceso posterior, puesto que, como ha venido indicando la jurisprudencia del Tribunal Constitucional y del Tribunal Supremo, la ausencia de citación en la debida forma puede extender sus efectos al procedimiento posterior e invalidarlo, justificando un procedimiento de amparo y la nulidad del mismo, según la incomparecencia por falta de citación afecte al solicitante o a la otra parte reclamada.

RESOLUCIÓN RELEVANTE

Sentencia del Tribunal Constitucional, rec. 5693/2017, de 8 de abril de 2019, ECLI:ES:TC:2019:47

Se otorga el amparo y se declara vulnerado el derecho a la tutela judicial efectiva sin indefensión: «Si bien la realización de actos de comunicación a través de la dirección electrónica habilitada constituye la vía de comunicación bidireccional ordinaria entre la administración de justicia y las personas y entidades obligadas a utilizar estos medios electrónicos, como era el caso de la empresa por ser una persona jurídica, los preceptos legales de aplicación establecen un régimen especial para los primeros actos de comunicación (emplazamiento y citación). Así, estos actos de comunicación han de ser realizados por correo certificado con acuse de recibo en el domicilio del destinatario».

1. Falta de citación del solicitante

La falta de citación del solicitante tiene una consecuencia que se proyecta en la celebración del acto de conciliación, y es que, en principio, dicho acto se tendrá por **intentado sin efecto**, como si no hubiera concurrido con justa causa (art. 11 del Real Decreto 2756/1979, de 23 de noviembre y art. 66.2 de la LRJS):

> «Cuando estando debidamente citadas las partes para el acto de conciliación o de mediación no compareciese el solicitante ni alegase justa causa, se tendrá por no presentada la papeleta de conciliación o la solicitud de mediación, archivándose todo lo actuado».

No se considera justa causa el hecho de que la letrada de la demandante tuviere otro señalamiento en el mismo edificio judicial en una hora muy cercana (STS, rec. 868/2017, de 31 de enero de 2019, ECLI:ES:TS:2019:442), un retraso por accidente de circulación, pero sin prueba de la justa causa de la incomparecencia (STSJ de la C. Valenciana, rec. 480/2008, de 4 de abril de 2008, ECLI:ES:TSJCV:2008:2378), sufrir una lipotimia una hora antes de celebrarse la conciliación y averiarse el coche (STS, rec. 1457/1998, de 17 de febrero de 1999, ECLI:ES:TS:1999:1067).

Destacamos la sentencia del TSJ de Madrid, rec. 1006/2000, de 28 de abril de 2000, ECLI:ES:TSJM:2000:5360, que señala lo siguiente:

> «El Real Decreto 2576/79 no prevé la posibilidad de suspensión del acto de conciliación por defectuosa citación de los interesados. El art 66.3 LPL [actual 66.3 de la LJS] es concordante con el art 11 último párrafo del Real Decreto 2756/79 en el sentido de que si el interesado no solicitante no comparece, sin necesidad de que conste debidamente citado, se tendrá por intentada sin efecto la conciliación. La exigencia de constancia de la citación solamente se establece en el caso del solicitante para tener por no presentada la papeleta, conforme al art 66.2 LPL [actual 66.2 de la LJS] y 11 párrafo tercero del Real Decreto 2756/79».

2. Falta de citación del solicitado

En este caso, la jurisprudencia es más variada, si bien la declaración de nulidad del proceso subsiguiente en base a la falta de notificación de la citación para el acto de conciliación requiere que tal hecho haya causado **indefensión** a la —normalmente empresa— solicitada.

Sobre la declaración de la nulidad del acto de conciliación al no estar debidamente citada la empresa, la STSJ de Andalucía, rec. 3457/2007, de 30 de enero de 2008, ECLI:ES:TSJAND:2008:1924, aclaró lo siguiente:

> «No se puede pretender que se declare la nulidad del acto de conciliación ante el CMAC al no estar debidamente citada la empresa recurrente y por ende la no admisión de la demanda hasta tanto no se aporte dicho acto ante el CMAC con la citación hecha correctamente, ya que sobre la conciliación extrajudicial **no es facultad** de los órganos de esta especiali-

zada Jurisdicción anular trámites ni reponer actuaciones seguidas ante los servicios administrativos de mediación, que son órganos de la Administración, cuya actuación escapa a la vigilancia y Tribunales del orden social, por lo que el trámite extraprocesal de la conciliación no queda sujeto a la fiscalización en cuanto a la forma de su realización».

Si considera que se le ha causado tal indefensión, la empresa deberá solicitar en el acto del juicio la declaración de nulidad de las actuaciones, por omisión de citación al acto de conciliación, con reposición de las actuaciones a la celebración del mismo. «La solicitud de la empresa de desestimación de la demanda, alegando la nulidad del acto de conciliación previo, dado que no le fue notificado, debe ser desestimada y ello porque de dicho extremo **no se deriva causa de indefensión** alguna para la empresa, siendo dicha falta de notificación imputable a la misma». (SJS-Ponferrada, rec. 159/2018, de 15 de junio de 2018, ECLI:ES:JSO:2018:4110).

Según el art. 66.3 de la LRJS:

«Si no compareciera la otra parte, debidamente citada, se hará constar expresamente en la certificación del acta de conciliación o de mediación y se tendrá la conciliación o la mediación por intentada sin efecto, y el juez o tribunal impondrán las costas del proceso a la parte que no hubiere comparecido sin causa justificada, incluidos honorarios, hasta el límite de seiscientos euros, del letrado o graduado social colegiado de la parte contraria que hubieren intervenido, si la sentencia que en su día dicte coincidiera esencialmente con la pretensión contenida en la papeleta de conciliación o en la solicitud de mediación».

JURISPRUDENCIA

STS n.º 681/2022, de 20 de julio de 2022, ECLI:ES:TS:2022:3155 y STS n.º 222/2022, de 15 de marzo de 2022, ECLI:ES:TS:2022:1454

La Sala IV analiza el posible incumplimiento del art. 81.3 de la LRJS cuando, a pesar de que la presentación de la papeleta de conciliación ante el servicio administrativo se hizo antes de interponer la demanda de despido, en el momento del juicio no se había celebrado el acto de conciliación, que no se celebró en el plazo de los quince días hábiles siguientes a la presentación de la papeleta, motivo por el que, ante la previsión contenida en el art. 65.1 de la LRJS, resultó necesaria la presentación de la demanda en el Juzgado.

Pese al requerimiento del Letrado de la Administración de Justicia, la parte actora no presentó la aludida certificación ante el Juzgado de lo Social hasta después de transcurrido el plazo concedido para ello. Es decir, el incumplimiento procesal que se imputa al actor no consiste en la omisión del requisito de la conciliación previa, ni en la realización extemporánea de la misma, sino únicamente en la omisión de la aportación en plazo del documento acreditativo del intento de dicha conciliación.

No procede archivo de actuaciones por la no presentación del certificado del SMAC de que no habían sido citadas las partes a conciliación

Por lo anterior, en el pleito de despido, al estar en juego la obtención de una primera decisión judicial, el TS aplica el principio pro actione con el objeto de evitar interpretaciones formalistas de los presupuestos procesales que puedan obstaculizar el derecho a que un órgano judicial resuelva la pretensión de impugnación del despido de la trabajadora. En consecuencia, «con la finalidad de evitar que el proceso se frustre por el incumplimiento de un requisito formal que fue posteriormente cumplimentado por la parte actora, debemos aplicar las normas procesales de conformidad con el derecho a la tutela judicial efectiva que garantiza el art. 24.1 de la Constitución, evitando interpretaciones excesivamente formalistas y desproporcionadas».

4.4. Reconvención y anuncio en la solicitud de conciliación laboral

En el ámbito civil, la reconvención es una demanda contraria que formula el demandado contra el demandante, aprovechando la oportunidad del proceso pendiente iniciado por este (Pietro Castro). Se regula en el artículo 406.1 de la LEC como la posibilidad que tiene el demandado, al contestar a la demanda, de formular la pretensión o pretensiones que crea que le competen respecto del demandante, cuando exista conexión entre sus pretensiones y las que son objeto de la demanda principal.

No obstante, **en el ámbito laboral, la reconvención se debe formular en la conciliación previa ante el órgano administrativo,** dado el carácter obligatorio de esta (salvo en las excepciones previstas en el art. 64 de la LRJS) y que en el proceso social no existe contestación a la demanda previa al acto del juicio oral. De esta forma, se garantiza el conocimiento de la acción de reconvención al demandante. (Sentencia de Tribunal Supremo, rec. 1161/2012, de 26 de junio de 2013, ECLI:ES:TS:2013:4493).

Es decir, dentro del mismo proceso, el demandado solicita la condena del demandante y pasa a ser demandante, conservando la primera estructura que surge de la demanda.

JURISPRUDENCIA

STS n.º 362/2024, de 23 de febrero, ECLI:ES:TS:2024:1224

Posibilidad de alegar por primera vez en el acto del juicio la excepción de prescripción. No es necesario anunciarla en la conciliación o mediación previa.

«(...) Resulta evidente la necesaria "vinculación entre el proceso y la reclamación administrativa previa (en los casos en que ésta siga siendo preceptiva) o la vía administrativa previa. Ese precepto prohíbe que en el proceso se introduzcan variaciones sustanciales de tiempo, cantidades o conceptos, salvo los hechos nuevos o que no pudieran conocerse antes. Por el contrario, el art. 85.3 de la LRJS únicamente prohíbe que el demandado formule reconvención cuando no se ha anunciado en la conciliación previa».

Sentencia del Tribunal Supremo, rec. 1161/2012, de 26 de junio de 2013, ECLI:ES:TS:2013:4493

«La reconvención se define como una conducta del demandado que no se limita a pedir su absolución, sino que **solicita la condena del demandante**. De esta forma, las posiciones procesales se invierten: el demandado pasa a ser demandante, y el demandante, demandado, pero conservando, sin embargo, la primera estructura *que surge de la demanda. Ahora bien, lo que caracteriza a la reconvención es que este efecto surge dentro del mismo proceso, como una forma específica de acumulación, que la doctrina científica más autorizada calificó en su momento como una modalidad de "acumulación sucesiva por inserción de pretensiones", que produce "la consecuencia esencial de que haya varias pretensiones en un solo proceso", como efecto común a toda acumulación. (En el ámbito laboral) la reconvención que se realiza en el acto administrativo de conciliación no es un mero anuncio, pues tiene que cumplir en ese momento las exigencias propias de la demanda, ya que, por imperativo legal, debe expresar en lo esencial "los hechos en que se funda y la petición en que se concreta". Por ello, la pretensión reconvencional está en esta fase formulada en todos sus elementos, de acuerdo con la doctrina de la sustanciación, y el trámite del art. 85.3 de la LPL (actual LRJS), aunque se designa como formulación, es, en realidad, por su contenido una ratificación».*

Sentencia del Tribunal Supremo, rec. 986/2013, de 3 de marzo de 2014, ECLI:ES:TS:2014:1029

El TS concluye que no es necesario presentar una demanda independiente para la reconvención si esta fue anunciada en la conciliación previa y contiene los hechos y la petición fundamentales. La reconvención no prescribe si se ha anunciado a tiempo, aunque el juicio se realice después de un año, y no se ve afectada por el efecto interruptivo del proceso principal. Además, se señala que la reconvención debe seguir la suerte de la demanda principal y ser tratada como una acumulación de acciones, siempre que haya conexión entre ambas reclamaciones.

RESOLUCIÓN RELEVANTE

STSJ de Madrid, rec. 3417/2002, de 22 de octubre de 2002, ECLI:ES:TSJM:2002:14128

«Tal art. 85.2 mencionado sólo admite la formulación de una demanda reconvencional si quien la pretende actuar la ha anunciado a su, entonces, futuro y posible demandante, dentro del acto de conciliación previo al trámite judicial; y esto lo hizo, con claridad, la mercantil aquí demandada.

Ese mismo precepto exige, como único contenido de la reconvención el expresar «en esencia los hechos en que se funda y la petición en que se concreta»; y esto también lo hizo, can claridad aunque con la parquedad adecuada a la actuación administrativa del y en el SMAC, la compañía demandada. No puede, cual hace la sentencia de instancia, interpretarse el precepto de comentario elevando la expresión "esencia ... de los hechos ... y petición ... concreta hasta el límite de darle un tratamiento procesal paritario o similar a la demanda, por la sencilla razón de que ésta y la reconvención tienen un sistema legal de formularse distinto y muy distinto: a un soporte, cual ahora se dice utilizando el lenguaje de la ciencia cibernética, escrito sí se le puede exigir una presentación detallada, a un soporte oral lo que le puede exigir, cual lo hace la LPL de 1995 (actual LRJS) es una expresión esencial de lo que se comunica más una determinación de lo que en concreto se trasmite».

Y es que el artículo 85.3 de la Ley 36/2011, de 10 de octubre, reguladora de la jurisdicción social solo permite formular reconvención en el proceso judicial cuando esta hubiera sido anunciada en la conciliación previa (o en la contestación a la reclamación previa, en su caso), con los siguientes **requisitos**:

– Expresando en esencia los hechos en que se funda y la petición en que se concreta.

– Órgano judicial competente.

- Misma modalidad procesal de la acción que se ejercita o acción acumulable.

- Conexión entre las pretensiones de la reconvención y las que son objeto de la demanda principal.

De no cumplirse, la reconvención **no se admitirá**.

Por ello, al igual que sucede con la papeleta de conciliación, la reconvención que se realice en el acto administrativo de conciliación tiene que cumplir los requisitos de la demanda; y es que, como sucede en el ámbito civil, la reconvención formulada en la conciliación se acumula a la demanda, se ve afectada y sigue su misma suerte, también en cuanto a los plazos.

JURISPRUDENCIA

Sentencia del Tribunal Supremo TS, rec. 986/2013, de 3 de marzo de 2014, ECLI:ES:TS:2014:1029

«La pretensión ejercitada al reconvenir se acumula —desde el momento en que se formula en conciliación— a la demanda y sigue la suerte de ésta, por lo que anunciada la reconvención en el acto de conciliación previa, aunque se celebre el juicio transcurrido más de un año desde que se intentó la conciliación sin efecto, la acción reconvencional no ha prescrito».

La reconvención no es necesaria:

- Para alegar compensación de deudas vencidas y exigibles cuando no se formule pretensión de condena reconvencional.

- Cuando el demandado pretenda exclusivamente ser absuelto de la pretensión o pretensiones objeto de la demanda principal.

JURISPRUDENCIA

Sentencia del Tribunal Supremo, rec. 62/2010, de 5 de junio de 2012, ECLI:ES:TS:2012:4636

«Resulta inaplicable la reconvención, entre otras, en la modalidad procesal de tutela de derechos fundamentales».

Sentencia del Tribunal Supremo, rec. 4818/2003, de 17 de septiembre de 2004, ECLI:ES:TS:2004:5740

La cuestión que se debate en el presente recurso consiste en determinar si la empresa que es demandada por un trabajador en proceso de reclamación de cantidad, puede alegar directamente en juicio la compensación de deudas como excepción o, por el contrario, está obligada a formular reconvención en el previo acto de conciliación administrativa. La Sala de lo Social acepta la posibilidad de oponer en juicio la excepción de compensación de deudas, sin necesidad de formular reconvención ni de anunciarla en la conciliación previa.

5.
CELEBRACIÓN DEL ACTO DE CONCILIACIÓN LABORAL EXTRAJUDICIAL

Una vez citadas las partes en debida forma, se celebra el acto de conciliación en la fecha y hora fijados para el mismo.

El acto de conciliación o comparecencia se realiza **ante el letrado «conciliador»** del órgano administrativo correspondiente, en el que as partes intentan llegar a un acuerdo o avenencia en presencia y con la colaboración, en mayor o menor medida, de aquel.

Se trata de un acto **oral e inmediato**, en el que cabe el diálogo y la defensa de las posiciones, así como la exhibición de documentos, por parte de los intervinientes y sus representantes, abogados y graduados sociales. El proceso es el siguiente:

1.º) El letrado conciliador llama a las dos partes a su despacho.

2.º) Comprueba su identidad documental, capacidad y representación.

3.º) Lee la solicitud y concede la palabra a las partes alternativamente, invitándoles a llegar a un acuerdo.

4.º) Recoge el resultado en el acta de conciliación.

El letrado conciliador es un funcionario de la autoridad laboral ante la que se desarrolla el acto, cuya misión fundamental es dar fe y recoger por escrito la comparecencia o no de las partes y el posible acuerdo que alcancen las partes, o la falta de acuerdo, vigilando que se respeten los derechos de los trabajadores intervinientes.

No realiza labores de intermediación, pero **puede sugerir soluciones equitativas** como experto conocedor de la normativa laboral, y mantiene el orden de la sesión, que podrá dar por terminada en caso de alteración o imposibilidad de alcanzar un acuerdo.

Es una gran oportunidad para que las partes acerquen posturas y eviten el pleito judicial.

A TENER EN CUENTA. En la práctica, las negociaciones entre as partes se realizan antes de entrar al acto de conciliación.

JURISPRUDENCIA

Sentencia del Tribunal Supremo, rec. 2180/1999, de 22 de mayo de 2000, ECLI:ES:TS:2000:4147

«Instado por el actor acto de conciliación sobre extinción de contrato de trabajo a su instancia, se celebró sin conocerlo la empresa, que un día antes le comunicó su despido sin que el actor hiciera nada frente al mismo, por lo que cuando interpuso la demanda para extinguir su contrato la relación se encontraba ya extinguida sin que pudiera instar la extinción».

RESOLUCIONES RELEVANTES

Sentencia TSJ Cataluña, rec. 3760/2019, de 4 de octubre de 2019, ECLI:ES:TSJCAT:2019:8397

«El letrado del actor incurrió en un error involuntario al presentar el certificado de haber celebrado el acto de conciliación que, una vez descubierto, fue rápidamente subsanado, por lo que no se justifica el archivo de la demanda».

Sentencia del TSJ Madrid, rec. 816/2016, de 2 de diciembre de 2016, ECLI:ES:TSJM:2016:13004

«Quien presenta la papeleta de conciliación sobre un asunto sometido a plazo de caducidad, deberá tener en cuenta que se reanuda el cómputo de la caducidad si una vez transcurridos 15 días hábiles desde que se presentó no se ha celebrado el acto de conciliación, cualquiera que sea la razón por la que no se ha celebrado o por la que no haya sido citado a ella, y aunque ésta tenga lugar una vez transcurrido ese plazo legal. La ley es consciente de que la comunicación de los llamamientos puede ser difícil y verse perjudicado, y por ello establece la suficiencia del trámite que es el del intento de conciliación y no el de la necesaria celebración del acto administrativo, dejando abierto el trámite judicial a quien pretende ejercitar su derecho. El demandante no debe esperar a la celebración del acto de conciliación, ni debe esperar a ser llamado para continuar en el ejercicio de la acción porque hacerlo, cuando la ley le permite acudir a los Tribunales, perjudicará su acción cuando se excedan los plazos de caducidad o prescripción de ella; si hay algún perjuicio de la acción no se produce porque no se haya celebrado el acto de conciliación o no haya sido citada formalmente sino por la inactividad del propio interesado».

Sentencia del Tribunal Supremo, rec. 4023/2009, de 17 de enero de 2011, ECLI:ES:TSJM:2016:13004

«La empleadora dejó de abonarle sus retribuciones, lo que dio lugar a que el trabajador presentara papeleta de conciliación, celebrándose el acto de conciliación sin avenencia, manifestando el empleado que desde esa fecha no asistiría más al trabajo, y así lo hizo. La jurisprudencia de esta Sala viene exigiendo, para el éxito de la acción resolutoria que al trabajador confiere el art. 50 del ET, que la relación laboral esté aún viva en el momento de accionar; no obstante, la propia jurisprudencia ha contemplado la posibilidad de que tal permanencia en el puesto de trabajo pueda haberse interrumpido poco antes de entablarse la acción resolutoria, siempre que el incumplimiento empresarial del que se trate genere una situación insoportable para el mantenimiento del vínculo, en cuyo caso se entiende como justificado el hecho de que el trabajador pueda haber cesado en la prestación del servicio sin que ello suponga dimisión o ruptura por su parte de la relación laboral. Se considera justificada la interrupción del trabajo efectivo por el que hacía ya más de seis meses que no se percibía ningún tipo de retribución, lo que indudablemente habría de afectar no solo a la propia dignidad del empleado, sino además a su propia subsistencia y a la de las personas que de él dependieran».

5.1. Lugar del acto de conciliación laboral extrajudicial

El acto de conciliación se celebra ante el órgano laboral competente, habitualmente el Servicio de Mediación, Arbitraje y Conciliación (SMAC) del lugar de la prestación de los servicios o del domicilio de los interesados. En este sentido, es el solicitante quien elige uno u otro (art. 5 del Real Decreto 2756/1979, de 23 de noviembre).

Por domicilio de los interesados debe entenderse tanto el del solicitante como el del solicitado.

Además, en principio, el lugar de solicitud y, por ende, de celebración, se vincula a la competencia territorial del órgano judicial que posteriormente debe conocer el litigio, pero nada obsta para que sea distinto.

JURISPRUDENCIA

Sentencia del Tribunal Supremo, rec. 4353/2008, de 8 de febrero de 2010, ECLI:ES:TS:2010:881

«El concepto de "interesado" es, en efecto, más amplio que el de "demandado" —como alega la recurrente, sostiene el Ministerio Fiscal y entiende la sentencia referencial— puesto que es aplicable, según el diccionario de la Real Academia, a toda "persona que ostenta un interés legítimo en un procedimiento y por ello está legitimada, para intervenir en él". Y está fuera de toda duda que el actor de un procedimiento de despido, tiene interés legítimo en él; de lo que se sigue que la papeleta presentada por el actor en el SMAC de su domicilio, lo fue ante órgano competente territorialmente, de acuerdo con el art. 5 del citado RD [Real Decreto 2756/1979, de 23 de noviembre]. El lugar determinante de la competencia territorial del órgano administrativo conciliador puede ser más amplio y no tiene por qué coincidir con el órgano receptor de la posterior demanda».

RESOLUCIÓN RELEVANTE

STSJ de la C. Valenciana n.º 1961/2009, de 9 de junio, ECLI:ES:TSJCV:2009:4331

«Por su parte el artículo 5.1 del Real Decreto 2576/1979, de 23 de noviembre, establece que la conciliación se interesará ante los órganos del Instituto de Mediación, Arbitraje y conciliación del lugar de prestación de los servicios o del domicilio del interesado a elección del solicitante. Es cierto que una constante doctrina judicial de la que son expresión, por ejemplo, las Sentencias de los T.S.J. de Andalucía (Sevilla) de 30 de marzo de 2001, Canarias (Santa Cruz de Tenerife) de 11 de septiembre de 2000 o Madrid de 19 de junio de 2000, ha admitido como válida la presentación de la papeleta de conciliación ante órganos diversos de la Administración General, Autonómica o Local, como las oficinas de correos, la Delegación del gobierno o, incluso, la Inspección de Trabajo, y ello porque de conformidad con lo dispuesto en el número 4 del art. 38 de la Ley núm. 30/92, de 26 de noviembre [actual Ley 39/2015, de 1 de octubre], las solicitudes, escritos y comunicaciones que los ciudadanos dirijan a los órganos de las Administraciones Públicas pueden presentarse en sitios muy diversos, como los registros de cualquier órgano administrativo que pertenezca a la Administración General del estado, a la de cualquier Administración de las Comunidades Autónomas o a la de alguna de las entidades que integran la administración Local.

5. Ahora bien, esta doctrina no resulta de aplicación al presente supuesto pues, como hemos señalado, la papeleta de conciliación no se presentó ante un órgano Administrativo de los contemplados en el art. 2 de la Ley 30/1992 [actual Ley 39/2015, de 1 de octubre], sino judicial, que cuenta con un régimen jurídico propio plasmado en las leyes procesales (arts. 44 y ss. de la LPL [actual LJS] y 135 y concordantes de la LEC) y en la Ley Orgánica del Poder Judicial. (art. 230 y concordantes). De modo que, así como los escritos dirigidos a los órganos judiciales sólo despliegan sus efectos desde la fecha de su presentación en sus registros, los escritos dirigidos a los órganos de la Administración General, Autonómica o Local, no pueden ser presentados en los registros judiciales y, si lo son, no producen los efectos que le son propios, sino desde que, en su caso, tuvieran entrada en los registros Administrativos. Por tanto, de acuerdo con el razonamiento expuesto, la presentación de la papeleta de conciliación en el decanato de los Juzgados de Benidorm carecería de cualquier efecto suspensivo sobre la acción de despido».

5.2. Obligación de comparecer al acto de conciliación extrajudicial

La asistencia al acto de conciliación o de mediación es **obligatoria** para los litigantes (solicitante y solicitado o pretendido) (art. 66 de la LRJS).

La comparecencia de los interesados puede ser **por sí mismos** o por medio de representante (abogado, procurador, graduado social colegiado o cualquier persona que se encuentre en el pleno ejercicio de sus derechos civiles). En este último caso, la **representación** se podrá otorgar:

– Mediante poder otorgado por comparecencia ante el letrado o letrada de la Administración de Justicia.

– A través del registro electrónico de apoderamientos *apud acta*.

– Por escritura pública.

> **A TENER EN CUENTA.** En el caso de otorgarse la representación a abogado deberán seguirse los trámites previstos en el art. 21.2 de la LRJS.

En este caso, el letrado conciliador advertirá al representante de las responsabilidades en que pueda incurrir en caso de no existir tal representación e incumplirse las obligaciones contraídas por tal motivo.

Las empresas siempre acudirán por medio de representante. El **apoderamiento del representante** de la empresa debe estar vigente tanto a la fecha de la modificación del contrato cuanto a la de la celebración del acto de conciliación. (Sentencia del TSJ de Madrid, rec. 1522/1999, de 3 de junio de 1999, ECLI:ES:TSJM:1999:6619).

Se permite expresamente la asistencia al acto de «un hombre bueno» acompañando a las partes, lo que habitualmente se traduce en la asistencia de abogados o graduados sociales a las partes.

La relevancia de la obligación de asistencia es tal, que **la incomparecencia voluntaria tiene diversas e importantes consecuencias** si el ausente es el solicitante o el solicitado, que la norma regula de forma expresa.

Consecuencias como, por ejemplo, en las costas, tal y como queda reflejado en la sentencia del TSJ de Asturias, rec. 1942/2019, de 5 de noviembre de 2019, ECLI:ES:TSJAS:2019:2335:

> «Son requisitos para la imposición preceptiva de las costas en la instancia por incomparecencia al acto de conciliación: a) Que hubiera sido citado en legal forma; b) que no comparezca; c) que se haga constar la citación e incomparecencia en la certificación del acta; d) que no se acredite causa justificada de la incomparecencia, y e) que la sentencia coincidiera esencialmente con la pretensión contenida en la papeleta de conciliación».

La LRJS es clara a la hora de definir los deberes procesales de las partes al expresar que «Todos deberán ajustarse en sus actuaciones en el proceso a las reglas de la buena fe» (art. 75.4 de la LRJS), lo que se enlaza con los artículos 66.3 y 97.3 del mismo texto legal cuando tipifican dos cuestiones distintas, la primera, referida al ámbito preprocesal, impone al juez la apreciación automática, sin más, de la temeridad o mala fe de la parte demandada que no justifica su incomparecencia al acto de conciliación previa. La segunda, proyectada al ámbito jurisdiccional, exige una motivación de la sentencia para apreciar temeridad o mala fe en el comportamiento procesal de cualquiera de las partes. (Sentencia del TSJ de Galicia, n.º 2748/2008, de 11 de julio, ECLI:ES:TSJGAL:2008:2883). También, como novedad desde el 20/03/2024, la sentencia, motivadamente, podrá imponer una sanción pecuniaria cuando la sentencia condenatoria coincidiera esencialmente con la pretensión contenida en la papeleta de conciliación o en la solicitud de mediación. En tales casos, y cuando el condenado fuera el empresario, deberá abonar también los honorarios de los abogados y graduados sociales de la parte contraria que hubieren intervenido, hasta el límite de seiscientos euros.

Art. 66.3 de la LRJS

> «3. Si no compareciera la otra parte, debidamente citada, se hará constar expresamente en la certificación del acta de conciliación o de mediación y se tendrá la conciliación o la mediación por intentada sin efecto, y el juez o tribunal impondrán las costas del proceso a la parte que no hubiere comparecido sin causa justificada, incluidos honorarios, hasta el límite de seiscientos euros, del letrado o graduado social colegiado de la parte contraria que hubieren intervenido, si la sentencia que en su día dicte coincidiera esencialmente con la pretensión contenida en la papeleta de conciliación o en la solicitud de mediación».

Art. 97.3 de la LRJS (con efectos de 20/03/2024)

> «3. La sentencia, motivadamente, podrá imponer una sanción pecuniaria, dentro de los límites que se fijan en el apartado 4 del artículo 75, al litigante que no acudió injustificadamente al acto de conciliación ante el servicio administrativo correspondiente o a mediación, de acuerdo con lo establecido en el artículo 83.3, así como al litigante que obró de mala fe o con temeridad. También motivadamente podrá imponer una sanción pecuniaria cuando la sentencia condenatoria coincidiera esencialmente con la pretensión contenida en la papeleta de conciliación o en la solicitud de mediación. En tales

casos, y cuando el condenado fuera el empresario, deberá abonar también los honorarios de los abogados y graduados sociales de la parte contraria que hubieren intervenido, hasta el límite de seiscientos euros.

La imposición de las anteriores medidas se efectuará a solicitud de parte o de oficio, previa audiencia en el acto de la vista de las partes personadas. De considerarse de oficio la posibilidad de imponer la sanción pecuniaria una vez concluido el acto de juicio, se concederá a las partes un término de dos días para que puedan formular alegaciones escritas. En el caso de incomparecencia a los actos de conciliación o de mediación, incluida la conciliación ante el letrado o letrada de la Administración de Justicia, sin causa justificada, se aplicarán por el juez, la jueza o el tribunal las medidas previstas en el apartado 3 del artículo 66».

JURISPRUDENCIA

Sentencia Tribunal Supremo, rec. 2248/2009, de 7 de mayo de 2010, ECLI:ES:TS:2010:3153

*«En el caso de **incomparecencia de la parte demandada** al acto de conciliación, lo cierto es que ha sido el propio legislador quién, en el art. 63.3 de la LPL [actual art. 63.3 de la LJS], ha establecido de forma expresa y clara la consecuencia sancionatoria que, por tanto, ha de ser prácticamente automática; pero tal efecto, no es la mera secuela o el simple resultado de la incomparecencia del demandado al acto de conciliación, al que, por supuesto, hubo de ser debidamente citado, sino que, además, y sobre todo, es el producto o consecuencia de la falta de justificación de dicha ausencia. Esa justificación podrá hacerse valer ante el órgano administrativo conciliador, pero el lugar adecuado para hacerlo será ante el órgano jurisdiccional y mediante cualquier **prueba válida y eficaz** en derecho, que deberá pronunciarse sobre la concreta justificación de aquella ausencia y, en función de su resultado, **apreciar o no la temeridad o mala fe** para imponer o no la correspondiente sanción».*

STS n.º 805/2019, de 26 de noviembre, ECLI:ES:TS:2019:4339

«Este apartado [art. 66.3 de la LRJS] recoge la imposición de costas en la instancia cuando concurran dos circunstancias: 1) incomparecencia al acto de conciliación sin causa justificada; y 2) que la sentencia que se dicte coincida esencialmente con la pretensión contenida en la papeleta de conciliación.

En la sentencia del Juzgado de lo Social, según se desprende de la misma, se procede a imponer las costas porque se ha estimado la demanda en lo esencial lo que, en principio, implica que se da por constada la ausencia injustificada al acto de conciliación».

STS n.º 685/2018 de 27 junio, ECLI:ES:TS:2018:3021 y STS n.º 126/2022, de 8 de febrero de 2022, ECLI:ES:TS:2022:429

«(...) el artículo 97.3 de la LRJS otorga una facultad de sancionar al juzgador -revisable en sede de recurso, según indica el artículo 204 de la propia LRJS- que se refiere tanto al litigante que obró de mala fe o con temeridad, como al litigante que no acudió al acto de conciliación injustificadamente. Esta facultad se concreta en la posibilidad de imponer una sanción pecuniaria dentro de los límites que se fijan en el apartado 4 del artículo 75 de la LRJS. Si el condenado es el empresario, éste deberá abonar también los honorarios de los abogados y graduados sociales de la parte contraria que hubieren intervenido, hasta el límite de seiscientos euros. La imposición de las anteriores medidas se efectuará, según indica el propio artículo 97.3, a solicitud de parte o de oficio, previa audiencia en el acto de la vista de las partes personadas».

5.3. Consecuencias de la incomparecencia al acto de conciliación laboral

Las consecuencias de la inasistencia no son las mismas para el solicitante y para el solicitado.

La Ley 36/2011, de 10 de octubre, reguladora de la jurisdicción social, incide en la importancia de asistir al acto de conciliación (o mediación, en su caso) al establecer las consecuencias de la no asistencia. Y ello a fin de reforzar su carácter obligatorio.

No olvidemos el papel trascendente de la conciliación previa en el conjunto del proceso laboral, en el que, entre otras cosas, cobra relevancia la transacción por tratarse de conflictos que afectan al trabajo y no existe contestación a la demanda.

Las consecuencias de la inasistencia no son las mismas para el solicitante y para el solicitado. Por ello, en función de la parte, las consecuencias de la inasistencia son las que veremos a continuación.

1. Incomparecencia del solicitante

Cuando el día y la hora señalados para el acto de conciliación o mediación, el solicitante no comparece estando **debidamente citado**, **sin alegar justa causa**, la papeleta de conciliación o la solicitud de mediación se tendrá por no presentada, archivándose todo lo actuado (art. 66.2 de la LRJS).

El archivo de lo actuado tiene efectos sobre los plazos de caducidad y prescripción, al haber transcurrido en ese caso el plazo sin tenerlo por suspendido ni interrumpido.

Si el solicitante alega justa causa para la inasistencia, se hará nuevo señalamiento en caso de que aún queden días hábiles para celebrarlo, sin que se paralicen los plazos de quince y treinta días establecidos en los apartados 1 y 2 del artículo 65 de la Ley reguladora de la jurisdicción social para considerarse celebrado el acto en todo caso.

En este sentido, los tribunales consideran como «justa causa» circunstancias de imposibilidad sobrevenida que tengan envergadura suficiente para imposibilitar la inasistencia como:

- **Enfermedad súbita**: una enfermedad repentina que impida al demandante acudir al acto de conciliación puede ser una justa causa para la inasistencia, siempre y cuando se justifique adecuadamente la imposibilidad de comunicar anticipadamente al juzgado dicha situación.

- **Accidente**: un accidente que ocurra de manera imprevista y que imposibilite la asistencia al acto de conciliación también se considera una justa causa. En estos casos, es necesario presentar pruebas que acrediten la gravedad y la imposibilidad de asistir.

- **Circunstancias excepcionales y graves**: cualquier situación excepcional y grave que impida no solo la asistencia al acto, sino también la comunicación anticipada de la imposibilidad de asistir, puede ser considerada una justa causa. Sin embargo, la mera alegación de una causa justificada no es suficiente; es necesario aportar pruebas convincentes que acrediten la veracidad de la circunstancia impeditiva.

CUESTIÓN

En caso de enfermedad sobrevenida que impide al demandante acudir al acto, ¿puede ser justificada a posteriori para evitar el desistimiento?

Será necesario justificar la imposibilidad de comunicar anticipadamente al juzgado la imposibilidad de asistencia al acto de conciliación. En caso de que los documentos presentados no justifiquen una situación excepcional y grave que le hubiera impedido, no solo asistir a dicho acto, sino avisar al órgano judicial o a su Letrado/a de que estaba impedido a tal efecto, se procederá al desistimiento.

La mera alegación de una causa o motivo justificado no lleva ipso iure a la suspensión del juicio, por el contrario, la realidad de lo expresado «ha de ser adverada, con eficacia probatoria y fuerza de convicción suficiente para llevar al ánimo del juzgador la veracidad de la circunstancia impeditiva de la asistencia». En todo caso es al órgano judicial «a quien corresponde apreciar la concurrencia de las circunstancias imposibilitantes de la comparecencia para acordar la suspensión del juicio». (STS, rec. 1019/201, de 15 de noviembre de 2022, ECLI:ES:TS:2022:4128).

JURISPRUDENCIA

Sentencia del TSJ de Extremadura n.º 278/2001, de 30 de mayo, ECLI:ES:TSJEXT:2001:1318

«No puede entenderse por justa causa de inasistencia al acto de conciliación "el despiste" sobre la hora del señalamiento, pues si ello fuera así serían interminables las listas de suspensiones».

Sentencia del TSJ de Madrid, rec. 816/2016, de 2 de diciembre de 2016, ECLI:ES:TSJM:2016:13004

«La falta de citación y la validez de la citación no puede determinar el resultado del litigio como elemento único de decisión. Hay indefensión porque la Sentencia de origen adopta como fundamento único de su fallo la incomparecencia del demandante al acto de conciliación y como fundamento de tal decisión el de la validez de la citación, y no teniendo en cuenta que si la parte no acude por no estar citado no se produce el efecto de tener por no presentada la papeleta sino lógicamente, el de tener por cumplido el trámite. La falta de comunicación solo es imputable a la demandante que dio un domicilio de notificaciones en el que no se quiso recoger la carta».

Sentencia del TSJ de Madrid, rec. 1773/2009, de 18 de mayo de 2009, ECLI:ES:TSJM:2009:3020

«La fractura padecida en el tobillo izquierdo invocada por el acto para no asistir ya concurría en el demandante tanto en la fecha de presentación de la papeleta de conciliación como en la celebración del acto de conciliación y en la de presentación de la demanda. Circunstancias que ahora tratan de presentarse como sobrevenidas o de difícil o imposible previsión al alegar que la dolencia le impedía asistir al acto de la conciliación previa. Pudo haber advertido de su imposible asistencia, lo que ni siquiera intentó justificar, quien sólo mencionó a estas circunstancias en el transcurso del acto del juicio. De ahí que no quepa presentar como dolencias de difícil o imposible previsión las diagnosticadas, con base en un informe médico ya

valorado en la instancia y que no sirve para probar la imposibilidad de la asistencia a tales actos, o al menos para advertir de su inasistencia al organismo conciliador».

Sentencia del TSJ de Madrid, rec. 2056/2009, de 13 de mayo de 2009, ECLI:ES:TSJM:2009:2852

«La conciliación regulada en los arts. 63 y siguientes LPL es susceptible de una triple consideración, a) como una actividad ordenada a una solución del conflicto con evitación del litigio. b) como un contrato- transacción cuando la conciliación llega a término y c) como un presupuesto procesal. La ley exige a la celebración de la conciliación propiciando que las partes acudan al acto de celebración, con consecuencias adversas para el solicitante y para la otra parte de una inasistencia injustificada. El actor tenía la voluntad de celebrar la conciliación y si acudió con **retraso al acto de conciliación** *en las condiciones que reseñan en la sentencia (por cierto, no combatidas), se debió a* **causa justificada.** *El que exista o no causa justa de incomparecencia siempre habría de ser apreciado en última instancia por el Juzgador, a lo que cabe añadir que el insistir ante los órganos de conciliación en acreditar la causa justa conllevaba el riesgo de que los trámites administrativos exigibles acabaran por completar el plazo de caducidad».*

Sentencia del TSJ de Cataluña, rec. 7502/2011, de 5 de marzo de 2012, ECLI:ES:TSJCAT:2012:3242

«La parte demandada ante el órgano administrativo conciliador, en algunas ocasiones, puede tener razones que motiven y justifiquen su incomparecencia en ese trámite. La ponderación o valoración de esa extraordinaria justificación, en la medida que la conciliación constituye un presupuesto procesal que corresponde siempre decidirlo al órgano judicial».

Sentencia de la Com. Valenciana n.º 1536/2009, de 12 de mayo de 2009, ECLI:ES:TSJCV:2009:3083

«(...) la inasistencia del demandante al acto de conciliación señalado para el día 6-5-2008 no aparece como justificada al ser insuficiente el parte de consulta médica presentado por el actor y en el que se hace constar que el demandante padecía una lumbalgia aguda que debía justificar su ausencia al trabajo durante 72 horas».

Sentencia del TSJ de la Com. Valenciana, rec. 1377/2008, de 17 de junio, ECLI:ES:TSJCV:2008:3442

«La demandante no asistió al acto de conciliación porque el día previsto para su celebración fue atendida por el servicio de urgencias, refiriendo que al levantarse de la cama había sufrido un síncope con caída al suelo y pérdida de consciencia, no apreciándose patología alguna en el reconocimiento y en las pruebas diagnosticadas realizadas. Presentó demanda admitida provisionalmente con la advertencia a la demandante de que debía subsanar el defecto observado de no acompañar certificación del acto de conciliación previa que acreditase la celebración de la conciliación o el intento de la misma, solicitando y celebrándose nueva conciliación, que terminó con el resultado de sin avenencia. **No se ha acreditado causa** *que justificara su inasistencia, por lo que no se tiene por presentada la papeleta de conciliación ni quedó suspendido el plazo de caducidad con la presentación de la papeleta de conciliación».*

Sentencia del Tribunal Constitucional, rec. 1456/1992, de 22 de noviembre de 1993, ECLI:ES:TC:1993:350

«El hecho de acudir al acto de conciliación con el **DNI caducado no es motivo razonable y proporcionado para tener por no comparecido al actor.** *La presentación del documento nacional de identidad se hace con el fin de acreditar la personalidad del compareciente y carece de valor autónomo, siendo un requisito de carácter instrumental ordenado a la finalidad de asegurar que quien asiste al acto de conciliación es el verdadero actor».*

2. Incomparecencia del solicitado

Si no comparece el solicitado o pretendido, cuando ha sido debidamente citado, se hará constar así expresamente en la certificación del acta de conciliación o de mediación y se tendrá la conciliación o la mediación por **intentada sin efecto**.

Tener el trámite de la conciliación previa por intentado sin efecto significa que se tiene por cumplido, en este caso, el presupuesto procesal, aunque no se haya celebrado la comparecencia al no ser posible intentar el acuerdo.

En este caso, en principio, el juez o tribunal impondrá las **costas del proceso** a la parte que no hubiere comparecido sin causa justificada, incluidos honorarios, hasta el **límite de 600 euros,** del letrado o graduado social colegiado de la parte contraria que hubieren intervenido, si la sentencia que en su día dicte **coincidiera esencialmente con la pretensión** contenida en la papeleta de conciliación o en la solicitud de mediación. Es decir, si se estima la demanda posterior en su integridad.

Ahora bien, la jurisprudencia exige **temeridad** en la actuación procesal del demandado para imponer las costas, la cual no se deduce de su simple incomparecencia, sino de la ausencia de justa causa debidamente justificada.

> **JURISPRUDENCIA**
>
> **Sentencia del Tribunal Supremo, rec. 1205/2001, de 23 de enero de 2002, ECLI:ES:TS:2002:9592**
>
> *«La conciliación administrativa previa viene legalmente concebida como un medio de evitación del proceso, al que debe acudirse con carácter obligatorio. La obligatoriedad de la comparecencia al acto de conciliación se consagra respecto de ambos litigantes en el apartado 1 del art. 66, pero el antes transcrito apartado 3 del propio artículo, sin duda en aras del principio de celeridad procesal, señala que la incomparecencia del futuro demandado determinará que el acto se tenga por intentado sin efecto (nada dice acerca de un posible nuevo intento conciliatorio previo), contentándose con establecer una sanción para el incomparecido en el caso de que su ausencia no estuviera justificada. Esto significa que el litigante pasivo ausente, si no pudo comparecer por no haber sido debidamente citado, se ve privado, no sólo de la posibilidad de llegar a un acuerdo, sino además de cualquier otro derecho o beneficio que pudiera haberle reportado la asistencia al acto, cual es el que le confiere el citado art. 56.2 del ET. En evitación de que el indicado perjuicio pueda acarreársele, deben interpretarse los preceptos de referencia, en casos como el presente, no según su mera literalidad, sino relacionando ésta con los demás elementos hermenéuticos (muy señaladamente el teleológico) que el art. 3.1 del Código Civil obliga a tener en cuenta, ya que de otro modo la posible negligencia del solicitante de la conciliación en el señalamiento del domicilio de la otra parte, o cualquier otra anomalía que impida el suficiente conocimiento por ésta acerca de la celebración del acto, causaría un perjuicio carente de justificación a quien no pudo comparecer por una causa independiente de su voluntad, y, al propio tiempo, desplegó, tan pronto como tuvo conocimiento de la situación, toda la diligencia que estaba a su alcance para hacer uso del derecho que le confiere el tan citado art. 56.2 del ET, respetando también en la medida de lo posible los derechos que para la parte contraria se derivan del propio precepto».*

Sentencia del Tribunal Supremo, rec. 2248/2009, de 7 de mayo de 2010, ECLI:ES:TS:2010:3153

«En el caso de incomparecencia de la parte demandada al acto de conciliación, el propio legislador ha establecido de forma expresa y clara la consecuencia sancionatoria. Pero no es la mera secuela o el simple resultado de la incomparecencia del demandado al acto de conciliación, al que, por supuesto, hubo de ser debidamente citado, sino que, además, y, sobre todo, es el producto o consecuencia de la falta de justificación de dicha ausencia. Esa justificación podrá hacerse valer ante el órgano administrativo conciliador y éste habrá de tomar las medidas que considere necesarias o convenientes al respecto, pero el lugar adecuado para hacerlo será, desde luego, ante el órgano jurisdiccional y mediante cualquier prueba válida y eficaz en derecho. Será el órgano judicial el que deberá pronunciarse sobre la concreta justificación de aquella ausencia y, en función de su resultado, apreciar o no la temeridad o mala fe para, en definitiva, imponer o no la correspondiente sanción».

Sentencia del TSJ Asturias, rec. 1942/2019, de 5 de noviembre de 2019, ECLI:ES:TSJAS:2019:2335

«Son requisitos para la imposición preceptiva de las costas en la instancia por incomparecencia al acto de conciliación: a) Que hubiera sido citado en legal forma; b) que no comparezca; c) que se haga constar la citación e incomparecencia en la certificación del acta; d) que no se acredite causa justificada de la incomparecencia, y e) que la sentencia coincidiera esencialmente con la pretensión contenida en la papeleta de conciliación».

Sentencia del TSJ Com. Valenciana, rec. 1574/2010, de 11 de febrero de 2011, ECLI:ES:TSJCV:2011:1121

«La parte demandada ante el órgano administrativo conciliador, en algunas ocasiones, puede tener razones que motiven y justifiquen su incomparecencia en ese trámite. La ponderación o valoración de esa extraordinaria justificación, en la medida que la conciliación constituye un presupuesto procesal, corresponde siempre decidirlo al órgano judicial. Partiendo por supuesto de que había sido legalmente citada a aquella conciliación y que su asistencia a la misma era obligatoria, la sentencia aquí impugnada impone acertadamente a la empresa condenada (ponderando su cuantía) la multa prevista a tales efectos».

Sentencia del TSJ Illes Balears, rec. 360/2010, de 20 de septiembre, ECLI:ES:TSJBAL:2010:1220

«La empresa no acudió al acto de conciliación pese a estar citada, siempre, en forma y, por ello, en aplicación de tal doctrina estamos ante un caso de incomparecencia injustificada, como lo revela el que jamás ofreció razón alguna de tal conducta, lo que hace que se aprecie temeridad y se aplique la multa prevista. Solución distinta merece el tema de la imposición de los honorarios de los abogados ex art. 97.3 de la LPL. Para imponer estos honorarios se debería apreciar, motivadamente, temeridad en la actuación propiamente procesal del demandado y ésta no se deduce de su simple incomparecencia».

Sentencia del TSJ Cataluña, rec. 6558/2010, de 2 de mayo de 2011, ECLI:ES:TSJCAT:2011:4642

«El hecho de que la empresa tenga en la misma fecha de conciliación dos señalamientos en los Juzgados de lo Social constituye razón suficiente para no considerar injustificada su inasistencia al acto de conciliación».

Sentencia TSJ Cataluña, rec. 7502/2011, de 5 de marzo de 2012, ECLI:ES:TSJCAT:2012:3242

«La existencia de temeridad y mala fe a efectos de imponer la multa señalada en el artículo 97.3 de la LPL sólo es posible cuando la sentencia que en su día se dicte coincidiera esencialmente con la pretensión contenida en la papeleta de conciliación».

5.4. Acto de realización de la conciliación laboral extrajudicial

El acto de realización de la conciliación laboral se regula en el artículo 10 del Real Decreto 2756/1979, de 23 de noviembre.

Así, una vez llegado el día y hora fijados para la celebración del acto de conciliación en el despacho del letrado conciliador, este abre el acto y llama a las partes, que pueden ir acompañadas de —un hombre bueno— abogado o graduado social, y comprueba su identidad, capacidad y, en su caso, representación.

A partir de ahí, el acto **se desarrolla** de la siguiente forma:

1º) El letrado conciliador concede la palabra al solicitante para que se ratifique en su pretensión plasmadas en la papeleta.

2º) Se abre acto oral, por el que se concede la palabra a las partes para que expongan sus pretensiones y las razones en que se fundan, siendo facultativa la exhibición de documentos y otros justificantes.

3º) El letrado conciliador invita a los interesados a que lleguen a un acuerdo, con el auxilio, en su caso, de sus abogados o graduados sociales, concediéndoles cuantas intervenciones sean pertinentes a tal fin, y pudiendo sugerirles soluciones equitativas.

El letrado conciliador mantiene el orden en la discusión, con facultad para darla por terminada, tanto en caso de alteración del acto como en el de imposibilidad de llegar a un acuerdo, teniendo en ambos supuestos por celebrado el acto sin avenencia.

Por último, levanta acta de la sesión celebrada que lee en voz alta y firman las partes, entregando una copia certificada del acta a cada parte.

En la práctica, como ya hemos tratado, es común que las partes contacten con anterioridad, que una de las partes no ceda en sus pretensiones (la persona trabajadora tiene derecho a demandar ante el juzgado de lo social si lo considera), o que se proceda al primer contacto previo a futuras negociaciones.

5.5. El acta de conciliación laboral extrajudicial

Si a la demanda no se acompañara certificación del acto de conciliación o mediación previa, o de la papeleta de conciliación o de la solicitud de mediación, de no haberse celebrado en plazo legal, el letrado de la Administración de Justicia, sin perjuicio de resolver sobre la admisión y proceder al señalamiento, advertirá al demandante que ha de acreditar la celebración o el intento del expresado acto en el plazo de quince días, contados a partir del día siguiente a la recepción de la notificación, con apercibimiento de archivo de las actuaciones en caso contrario, quedando sin efecto el señalamiento efectuado.

En el acta se **debe recoger** con la máxima claridad la comparecencia o no de las partes, su identidad y capacidad, los acuerdos adoptados por los interesados, en su caso, y el resultado del acto de conciliación expresamente: con avenencia o sin avenencia, si comparecen ambas partes, o intentada sin efecto, si no comparece el solicitado o pretendido.

El acta **es firmada** por los asistentes: interesados, por los abogados y graduados sociales que les hayan asistido, en su caso, y por el letrado conciliador, y si alguno no sabe o no puede firmar, se hace constar, pudiéndolo hacer su abogado o graduado social en su nombre.

Si uno de los comparecientes **se niega a firmar** el acta, se consignará su negativa en la propia acta, indicando los motivos que alegue, en su caso, y teniéndose por celebrada la conciliación sin avenencia.

Inmediatamente después de celebrada la conciliación, el letrado conciliador entrega **una copia certificada** del acta a cada uno de los interesados.

El certificado del acta acredita haber intentado la conciliación o mediación previa que, al ser obligatoria, debe ser **aportada junto con la demanda** posterior. **Si el demandante no acompañara certificación del acto de conciliación** (o mediación previa), o de la papeleta de conciliación o de la solicitud de mediación, de no haberse celebrado en plazo legal, el letrado o letrada de la Administración de Justicia, sin perjuicio de resolver sobre la admisión y proceder al señalamiento, advertirá al demandante que ha de acreditar la celebración o el intento del expresado acto en el **plazo de quince días**, contados a partir del día siguiente a la recepción de la notificación, con apercibimiento de archivo de las actuaciones en caso contrario, quedando sin efecto el señalamiento efectuado (art. 81.3 de la LRJS) .

JURISPRUDENCIA

Sentencia del Tribunal Supremo, rec. 2880/2007, de 22 de diciembre de 2008, ECLI:ES:TS:2008:7219

«El demandante no acudió al primer intento de conciliación, lo que determinó tener por no presentada la demanda, archivándose todo lo actuado. Presentada la demanda, el Juzgado de lo Social detectó el defecto y acordó la subsanación. La norma relativa a la *subsanación de la falta de certificación del acto de conciliación*, dictada en términos más amplios y generosos, quizá sea debida a "compensar", de alguna manera, el retraso que la conciliación obligatoria ante un órgano administrativo supone al ejercicio del derecho a la jurisdicción y a la obtención de tutela efectiva judicial. El plazo se eleva de cuatro a quince días y el contenido de la subsanación se concreta en una actividad del demandante consistente en que, dentro del citado plazo, se presente la solicitud de conciliación ante el SMAC, se celebre el acto y se aporte al Juzgado la certificación del acto de conciliación».

STS n.º 222/2022, de 15 de marzo de 2022, ECLI:ES:TS:2022:1454, y STS n.º 681/2022, de 20 de julio de 2022, ECLI:ES:TS:2022:3155

La Sala IV analiza el posible incumplimiento del art. 81.3 de la LRJS cuando, a pesar de que la presentación de la papeleta de conciliación ante el servicio administrativo se hizo antes de interponer la demanda de despido, en el momento del juicio no se había celebrado el acto de conciliación, que no se celebró en el plazo de los quince días hábiles siguientes a la presentación de la papeleta, motivo por el que, ante la previsión contenida en el art. 65.1 de la LRJS, resultó necesaria la presentación de la demanda en el Juzgado.

Al estar en juego la obtención de una primera decisión judicial, el TS aplica el principio *pro actione* con el objeto de evitar interpretaciones formalistas de los presupuestos procesales, no procede archivo de actuaciones por la no presentación del certificado del SMAC de que no habían sido citadas las partes a conciliación.

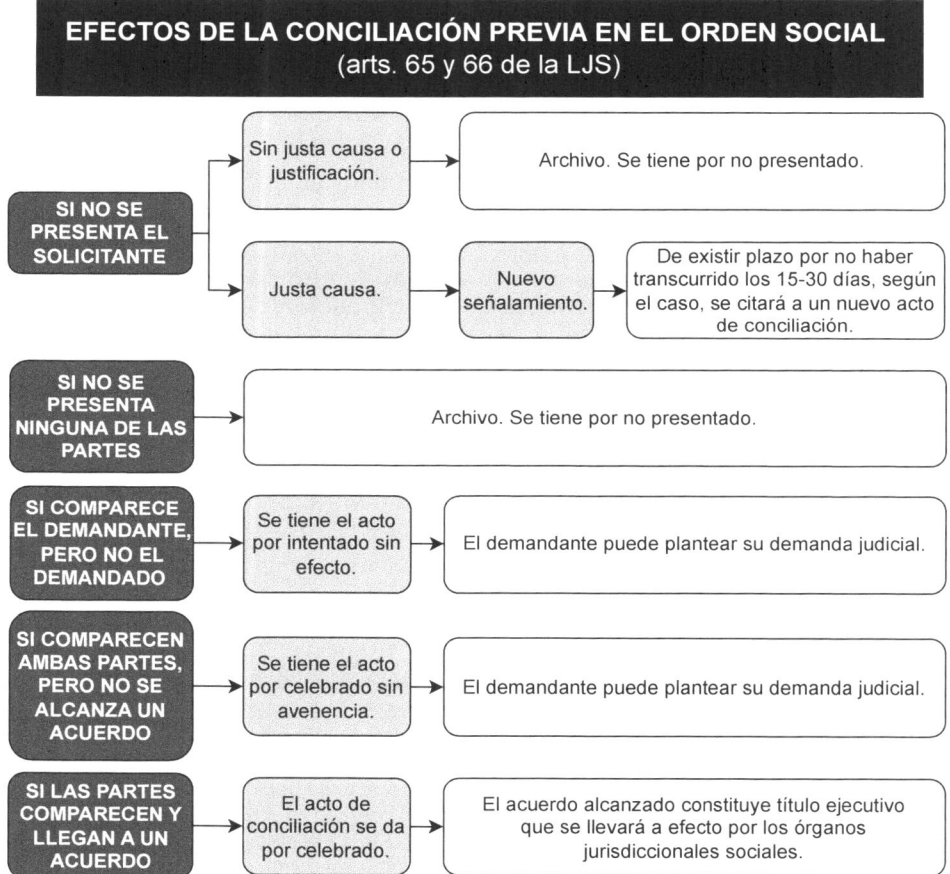

EFECTOS DE LA CONCILIACIÓN PREVIA EN EL ORDEN SOCIAL
(arts. 65 y 66 de la LJS)

SI NO SE PRESENTA EL SOLICITANTE	Sin justa causa o justificación.	Archivo. Se tiene por no presentado.
	Justa causa. → Nuevo señalamiento.	De existir plazo por no haber transcurrido los 15-30 días, según el caso, se citará a un nuevo acto de conciliación.
SI NO SE PRESENTA NINGUNA DE LAS PARTES		Archivo. Se tiene por no presentado.
SI COMPARECE EL DEMANDANTE, PERO NO EL DEMANDADO	Se tiene el acto por intentado sin efecto.	El demandante puede plantear su demanda judicial.
SI COMPARECEN AMBAS PARTES, PERO NO SE ALCANZA UN ACUERDO	Se tiene el acto por celebrado sin avenencia.	El demandante puede plantear su demanda judicial.
SI LAS PARTES COMPARECEN Y LLEGAN A UN ACUERDO	El acto de conciliación se da por celebrado.	El acuerdo alcanzado constituye título ejecutivo que se llevará a efecto por los órganos jurisdiccionales sociales.

5.5.1. Acta de conciliación con avenencia

Si comparecen ambas partes y **alcanzan un acuerdo**, el resultado del acto de conciliación es con avenencia. Este tipo de acuerdos son títulos que llevan aparejada inmediata ejecución ante los órganos de la jurisdicción laboral (art. 11 del Real Decreto 2756/1979, de 23 de noviembre y arts. 68 y 237 y ss. de la LRJS); y solo pueden ser impugnados ante el juzgado de lo social competente mediante el ejercicio de la acción de nulidad por las causas que invalidan los contratos o por los posibles perjudicados, con fundamento en su ilegalidad o lesividad (art. 67 de la LRJS) .

Se trata de un acuerdo de transacción que pone fin al conflicto, lo cual significa que:

- La empresa no podrá imputar al trabajador los mismos hechos que produjeron la solicitud del acto de conciliación.
- No estamos ante cosa juzgada, ya que es posible impugnar el acuerdo alcanzado.

Ahora bien, el acuerdo tiene otras consecuencias que afectan a la prestación por desempleo y a las prestaciones del FOGASA, reconocidas por la normativa procesal laboral y que veremos a continuación.

JURISPRUDENCIA

Sentencia del TSJ Galicia, rec. 2674/2017, de 14 de diciembre de 2017, ECLI:ES:TSJGAL:2017:7641

«Lo acordado en conciliación extrajudicial no goza de autoridad de cosa juzgada. La doctrina jurisprudencial señala que: 1) la avenencia en la conciliación extrajudicial o previa al juicio entre un trabajador y un empresario constituye un supuesto especial de contrato de transacción; 2) como tal contrato de transacción persigue una finalidad de evitación del proceso o de evitar la provocación de un pleito; 3) tal finalidad de la conciliación extrajudicial se ha reforzado mediante la atribución a la avenencia en conciliación de la condición de título que lleva aparejada ejecución; y 4) en consecuencia, el cumplimiento de lo acordado en la conciliación previa al juicio debe hacerse valer por la vía de la ejecución de sentencia. Lo que no quita para que haya cierta línea jurisprudencial que admite el interés legítimo del trabajador en obtener la satisfacción de lo pretendido a través del oportuno título judicial, en especiales condiciones de complejidad en que haya múltiples cuestiones planteadas».

Sentencia del TSJ Castilla y León, rec. 812/2009, de 17 de junio de 2009, ECLI:ES:TSJCL:2009:3751

«La avenencia en la conciliación previa al proceso laboral tiene naturaleza de contrato transaccional, y en cuanto tal, de acuerdo con lo previsto en el art. 68 de la Ley de Procedimiento Laboral, transforma la acción de reclamación de los derechos objeto de transacción en pretensión ejecutiva, esgrimiendo por su parte el Tribunal Supremo las siguientes razones: 1) la avenencia en la conciliación extrajudicial o previa al juicio entre un trabajador y un empresario constituye un supuesto especial de contrato de transacción; 2) como tal contrato de transacción persigue una finalidad de "evitación del proceso" o, en los términos muy similares del art. 1809 del Código Civil, de evitar "la provocación de un pleito"; 3) tal finalidad de la conciliación extrajudicial se ha reforzado, a partir de la Ley de Procedimiento Laboral de 1990, mediante la atribución a la avenencia en conciliación de la condición de título que lleva aparejada ejecución; y 4) en consecuencia, el cumplimiento de lo acordado en la conciliación previa al juicio debe hacerse valer por la vía de la ejecución de sentencia».

Sentencia del TSJ Cataluña, rec. 419/2014, de 7 de abril de 2014, ECLI:ES:TSJCAT:2014:3943

«(...) «En el caso de conciliación extrajudicial, no existe cosa juzgada propiamente, sino ausencia de acción por falta de contienda e inadecuación de procedimiento, o más simplificadamente: excepción de transacción". En el ámbito laboral "existe

una conciliación extrajudicial preceptiva, que, en sí misma considerada, en un sistema de autocomposición en que un tercero ajeno al conflicto, órgano constituido según reglas del Estado y por él designado, acerca a las partes para que ellas puedan solucionarlo, y considerada desde el punto de vista del proceso, es un presupuesto procesal (art. 81.2 en relación con el 63 LPL). Si se produce tal solución, según es el caso, estamos ante una transacción del art. 1809 CC, perfectamente compatible con la irrenunciabilidad de derechos del art. 3.5 ET, conforme a inconcusa jurisprudencia. El trabajador en modo alguno está forzado a admitir que la empresa conciliada se allane extraprocesalmente si duda de su solvencia, sabiendo que el Fondo de Garantía Salarial no se constituye en deudor subsidiario legal 'ex' art. 33.2, párr. 2° ET, y salvo que la empresa pague en el acto lo ofrecido, puede no admitir el acuerdo"».

Sentencia del TSJ Extremadura, rec. 598/2011, de 22 de febrero de 2012,ECLI:ES:TSJEXT:2012:313

«La avenencia en conciliación previa al juicio constituye un supuesto especial de contrato de transacción. La naturaleza transaccional del instituto de la conciliación de conformidad al artículo 1.089 y ss. del CC se desprende de los elementos esenciales que son: 1.° Una relación jurídica incierta, susceptible de ocasionar litigios, o al menos relación incierta subjetivamente a juicio de las partes, aunque objetivamente no lo sea. La transacción, según reiterada jurisprudencia, sustituye una relación jurídica incierta, puesta en litigio o susceptible de serlo, por otra no dudosa. 2.° La intención de las partes de sustituir la relación dudosa como relación cierta e incontestable, de ahí su efecto novatorio. 3.° Una recíproca concesión de las partes, por virtud de la cual cada una de ellas, dando, reteniendo o prometiendo algo, sufra un sacrificio».

1. Prestación por desempleo

El trabajador accede a la situación legal de desempleo cuando se extingue, suspende o reduce su contrato de trabajo por causas ajenas a su voluntad.

La carta de despido o extinción por causas ajenas a la voluntad del trabajador es suficiente para acreditar la **situación legal de desempleo**, pero, si aquel no está conforme, el artículo 267 del Real Decreto Legislativo 8/2015, de 30 de octubre, establece que podrá **acreditar la situación de desempleo mediante el acta de conciliación administrativa**, cuando impugne la decisión extintiva de la relación laboral por las siguientes causas [D.T. 28.ª de la LGSS (en consonancia con los párrafos 2.°, 3.° y 4.° del apartado 1.a) del art. 267 de la LGSS]:

- Despido.
- Extinción por causas objetivas (despido objetivo).
- Despido colectivo.
- Resolución voluntaria a instancia del trabajador con causa justificada.
- Muerte, jubilación o incapacidad del empresario individual.
- Expiración del tiempo convenido.
- Resolución de la relación laboral durante el período de prueba.

RESOLUCIONES RELEVANTES

Sentencia del TSJ Castilla-La Mancha, rec. 421/2000, de 8 de mayo de 2001, ECLI:ES:TSJCLM:2001:1472

«Se produce la situación legal de desempleo por despido basado en causas objetivas, acreditándose tal situación por comunicación escrita al trabajador a que se re-

fiere el art. 53 del Estatuto de los Trabajadores; pero si el trabajador reclama contra dicho despido, entonces la situación legal de desempleo se debe acreditar mediante acta de conciliación o resolución judicial definitiva».

Sentencia del TSJ Cataluña, rec. 2286/2007, de 18 de febrero de 2008, ECLI:ES:TSJCAT:2008:2440

«El desistimiento no es una de las causas que la norma legal recoge para acreditar la situación legal de desempleo. Y la lista es cerrada y excluyente».

2. Responsabilidad del FOGASA

Lo acordado en conciliación previa tiene relevancia a efectos del Fondo de Garantía Salarial (FOGASA) en caso de insolvencia de la empresa para hacer frente a lo acordado (art. 68 de la LRJS) .

Y es que, de hecho, el artículo 33 del Estatuto de los Trabajadores dispone que el FOGASA abonará a los trabajadores el importe de los salarios pendientes de pago reconocidos como consecuencia de sentencia, auto, acto de conciliación judicial o **resolución administrativa a favor de los trabajadores.** Se trata de ciertas cantidades cuyo importe se encuentra en función de las siguientes variables: los años de servicio del trabajador en la empresa, el salario del trabajador y el tipo de extinción de contratación laboral.

A los anteriores efectos, se considerará **salario** la cantidad reconocida como tal en acto de conciliación o en resolución judicial por todos los conceptos a que se refiere el art. 26.1 del ET, así como los salarios de tramitación en los supuestos en que legalmente procedan, sin que pueda el fondo abonar, por uno u otro concepto, conjunta o separadamente, un importe superior a la **cantidad resultante de multiplicar el doble del salario mínimo interprofesional diario, incluyendo la parte proporcional de las pagas extraordinarias, por el número de días de salario pendiente de pago, con un máximo de ciento veinte días.**

El **plazo del que dispone un trabajador para iniciar los trámites en el FO-GASA es de un año** contado desde la fecha del acta de conciliación, sentencia, auto o resolución de la autoridad laboral en que se reconozca la deuda por salarios. Dicho plazo se interrumpirá por el ejercicio de las acciones ejecutivas o de reconocimiento de los créditos en el procedimiento concursal, así como por las demás formas admitidas en derecho.

Asimismo, el Fondo de Garantía Salarial también abonará **indemnizaciones** reconocidas como consecuencia de sentencia, auto, acto de conciliación judicial o **resolución administrativa a favor de los trabajadores** a causa de despido o extinción de los contratos conforme a los arts. 50, 51, 52, 40.1 y 41.3 del ET, y de extinción de contratos conforme a los artículos 181 y 182 del Real Decreto Legislativo 1/2020, de 5 de mayo, por el que se aprueba el texto refundido de la Ley Concursal, así como las indemnizaciones por extinción de contratos temporales o de duración determinada en los casos que legalmente procedan (art. 33.2 del ET) .

En todos los casos, con el límite máximo de una anualidad, excepto en el supuesto del art. 41.3 del ET por el cual el límite máximo sería de 9 mensualidades, **sin que el salario diario, base del cálculo, pueda exceder del doble del salario mínimo interprofesional, incluyendo la parte proporcional de las pagas extraordinarias.**

El importe de la indemnización, a los solos efectos de abono por el Fondo de Garantía Salarial para los casos de despido o extinción de los contratos conforme a los artículos 50 y 56 del ET, se calculará sobre la base de **treinta días por año de servicio, con el límite fijado en el párrafo anterior.**

> **A TENER EN CUENTA**. El derecho a solicitar del FOGASA el pago de las prestaciones indicadas prescribe al año de la fecha del acto de conciliación, sentencia, auto o resolución de la autoridad laboral en que se reconozca la deuda por salarios o se fijen las indemnizaciones.

JURISPRUDENCIA

STS n.º 1050/2018, de 12 de diciembre, ECLI:ES:TS:2018:4441

«Con arreglo a esa doctrina para resolver el problema planteado ha de partirse de la redacción del número 2 del art. 33 del ET, en el que se dice que "El Fondo de Garantía Salarial ... abonará indemnizaciones reconocidas como consecuencia de sentencia, auto, acto de conciliación judicial o resolución administrativa a favor de los trabajadores a causa de despido o extinción de los contratos conforme a los artículos 50, 51 y 52 de esta Ley, y de extinción de los contratos conforme al artículo 64 de la Ley 22/2003, de 9 de julio, concursal [actual Real Decreto Legislativo 1/2020, de 5 de mayo] ...", texto del que se desprende con claridad que el Organismo demandado no deberá responder en caso de insolvencia de la empresa de la cantidades acordadas con ella por el trabajador en conciliación extrajudicial, tal y como reiteradamente se ha dicho por esta Sala en las sentencias antes citadas y otras anteriores, porque el legislador ha considerado que esa conciliación no tiene las garantías para constituir legalmente un título de deuda invocable válidamente frente al responsable subsidiario, el Fondo, aunque obviamente lo sea frente a la empresa deudora, que es la obligada de manera directa o principal al pago de la cantidad correspondiente».

Sentencia del Tribunal Supremo, rec. 3449/2014, de 3 de octubre de 2016, ECLI:ES:TS:2016:4611

«La doctrina jurisprudencial establece que, para que el Fondo de Garantía Salarial abone, en sustitución de obligaciones incumplidas por un empresario insolvente, salarios e indemnizaciones por cese, es necesario disponer un título habilitante que la norma exige, y que si bien para los salarios es suficiente con una conciliación, previa o judicial, para las indemnizaciones por despido u otras modalidades extintivas, es precisa una conciliación judicial, sentencia o resolución administrativa posterior».

Sentencia del TSJ Galicia, rec. 2674/2017, de 14 de diciembre de 2017, ECLI:ES:TSJGAL:2017:7641

«Lo acordado en conciliación extrajudicial no goza de autoridad de cosa juzgada. La doctrina jurisprudencial señala que: 1) la avenencia en la conciliación extrajudicial o previa al juicio entre un trabajador y un empresario constituye un supuesto especial de contrato de transacción; 2) como tal contrato de transacción persigue una finalidad de evitación del proceso o de evitar la provocación de un pleito; 3) tal finalidad de la conciliación extrajudicial se ha reforzado mediante la atribución a la avenencia en conciliación de la condición de título que lleva aparejada ejecución; y 4) en consecuencia, el cumplimiento de lo acordado en la conciliación previa al juicio debe hacerse valer por la vía de la ejecución de sentencia. Lo que no quita para que haya cierta línea jurisprudencial que admite el interés legítimo del trabajador en obte-

ner la satisfacción de lo pretendido a través del oportuno título judicial, en especiales condiciones de complejidad en que haya múltiples cuestiones planteadas».

Sentencia del TSJ Madrid, rec. 1269/2007, de 21 de mayo de 2007, ECLI:ES:TSJM:2007:9019

«Las indemnizaciones acordadas en conciliación previa están excluidas de la responsabilidad del Fondo de Garantía Salarial; la doctrina del TJCE no se ha pronunciado sobre esta cuestión y la jurisprudencia del Tribunal Supremo encuentra diferencias entre la conciliación previa administrativa y la conciliación judicial que excluyen la posibilidad de apreciar desigualdad de trato en la norma, por todo lo cual se impone la desestimación del motivo y del recurso».

Sentencia del TSJ Andalucía, rec. 3205/2016, de 1 de junio de 2017, ECLI:ES:TSJAND:2017:7484

«El pago por el Fondo de Garantía Salarial de las indemnizaciones pactadas es obligado, en caso de insolvencia empresarial, tanto cuando se pactan entre trabajador y empresario en conciliación judicial, como cuando se pactan en conciliación extrajudicial, con el requisito, en este segundo caso, de que el pago se demande por vía judicial y se obtenga sentencia condenatoria. Sin embargo, queda excluido el pago por el Fondo de Garantía Salarial solamente en el supuesto de que el pacto se acuerde en la conciliación administrativa obligatoria previa al proceso, porque en tal caso el trabajador no puede demandar después el pago por vía judicial, debiendo limitarse a pedir del Juzgado la ejecución del mismo, insuficiente para que el Fondo de Garantía Salarial asuma responsabilidad en caso de insolvencia empresarial».

Sentencias del Tribunal Supremo, rec. 907/2002, de 17 de marzo de 2003, ECLI:ES:TS:2003:1809

Analizando la responsabilidad subsidiaria del FOGASA respecto a las cantidades acordadas en acta de conciliación extrajudicial: «No procede el abono de los salarios de tramitación acordado en conciliación por ser necesaria resolución judicial como título habilitante para ello».

5.5.2. Acta de conciliación sin avenencia

Si comparecen ambas partes y **no alcanzan un acuerdo**, el resultado del acto de conciliación es sin avenencia. Es decir, no se pone fin al conflicto ni se alcanza un acuerdo transaccional, y la parte que reclama tiene abierta la vía judicial, debiendo acudir al órgano judicial en defensa de sus intereses, interponiendo la correspondiente demanda dentro de los plazos establecidos.

En la demanda posterior, en ningún caso podrán alegarse hechos distintos de los aducidos en conciliación o mediación ni introducirse respecto de la vía administrativa previa variaciones sustanciales, salvo hechos nuevos o que no hubieran podido conocerse con anterioridad [art. 80.1 c) de la LRJS].

5.5.3. Acto de conciliación sin efecto

Es el resultado del acto de conciliación cuando no comparece la parte solicitada o pretendida.

Significa que se tiene por cumplido el trámite de la conciliación previa, aunque no se haya celebrado la comparecencia, al no ser posible intentar el acuerdo y, por tanto, procede la interposición de la demanda.

5.5.4. Desistimiento

En caso de no acudir el demandante o por manifestar su intención expresa de abandonar del procedimiento, o retirar la papeleta presentada.

6.
IMPUGNACIÓN DE LO ACORDADO EN CONCILIACIÓN LABORAL EXTRAJUDICIAL

El acuerdo de conciliación o de mediación podrá ser impugnado por las partes y por quienes pudieran sufrir perjuicio por aquél, ante el juzgado o tribunal al que hubiera correspondido el conocimiento del asunto objeto de la conciliación o de la mediación, mediante el ejercicio por las partes de la acción de nulidad por las causas que invalidan los contratos o por los posibles perjudicados con fundamento en su ilegalidad o lesividad.

La acción caducará a los treinta días hábiles, excluidos los sábados, domingos y festivos, siguientes a aquel en que se adoptó el acuerdo. Para los posibles perjudicados el plazo contará desde que lo pudieran haber conocido (art. 67 de la LRJS).

Alcanzar un acuerdo en la conciliación (o mediación) previa no significa que este no pueda ser impugnado por las partes y por quienes pudieran sufrir perjuicio por aquel.

En esta línea, el art. 67 de la LRJS concreta lo siguiente:

> «1. El acuerdo de conciliación o de mediación podrá ser impugnado por las partes y por quienes pudieran sufrir perjuicio por aquél, ante el juzgado o tribunal al que hubiera correspondido el conocimiento del asunto objeto de la conciliación o de la mediación, mediante el ejercicio por las partes de la acción de nulidad por las causas que invalidan los contratos o por los posibles perjudicados con fundamento en su ilegalidad o lesividad.
>
> 2. La acción caducará a los treinta días hábiles, excluidos los sábados, domingos y festivos, siguientes a aquel en que se adoptó el acuerdo. Para los posibles perjudicados el plazo contará desde que lo pudieran haber conocido».

De dicho precepto cabe extraer las siguientes conclusiones (SAN n.º 65/2020, de 8 de septiembre, ECLI:ES:AN:2020:2247):

a) Se contemplan dos tipos de **partes legitimadas** para el ejercicio de la acción:

– Aquellas partes que suscribieron el acuerdo, las cuales solo podrán impugnar el mismo por las causas que invalidan los contratos.

– Los perjudicados, los cuales podrán fundar su acción en la ilegalidad o en la lesividad del mismo.

– Se amplía, por tanto, la lista de quienes pueden ser sujetos activos de la impugnación, al incluirse no solo a quienes fueron parte de la conciliación, sino también a aquellos que pudieran resultar perjudicados por el acuerdo así alcanzado. Perjuicio que puede ser económico o de otro tipo (por ejemplo, si afecta a la existencia de una relación jurídica del perjudicado).

– La impugnación debe realizarse ante el juzgado o tribunal al que hubiera correspondido el conocimiento del asunto objeto de la conciliación o de la mediación, de la siguiente forma, según el sujeto que lo impugna:

– Mediante el ejercicio por las partes de la acción de nulidad por las causas que invalidan los contratos, conforme establecen los arts. 1261 y ss. del Código Civil. La acción de nulidad que, por tanto, engloba supuestos de nulidad, anulabilidad y rescisión.

– Con fundamento en su ilegalidad o lesividad, por los posibles perjudicados.

El procedimiento que se sigue en estos casos es el **proceso ordinario laboral**.

Los motivos de impugnación pueden ser sustantivos o materiales o procesales.

b) Dada la diferencia que concreta el precepto, debemos entender que perjudicado es todo aquel ajeno a las partes al que el acuerdo le ocasiona una merma de sus derechos.

c) Con relación a lo caducidad el precepto fija un **plazo de ejercicio de 30 días hábiles,** fijando una forma diferente de cómputo en función de quién impugne:

– Si es por las partes, desde la fecha de homologación del acuerdo.

– Si es por los perjudicados, desde que existió una posibilidad de conocimiento del acuerdo.

La declaración de nulidad, anulación o rescisión del acuerdo alcanzado en la conciliación supone volver a la situación anterior al acto de conciliación, lo que tiene su reflejo en cuanto al cómputo de plazos de caducidad y prescripción: se reanuda el primero y se reinicia el segundo.

Para los posibles perjudicados, el plazo contará desde que lo pudieran haber conocido, conforme a lo dispuesto por el art. 68.1 de la LRJS:

> «Lo acordado en conciliación o en mediación constituirá título para iniciar acciones ejecutivas sin necesidad de ratificación ante el Juez o Tribunal, y podrá llevarse a efecto por los trámites previstos en el Libro Cuarto de esta Ley».

En resumen, lo convenido en acuerdo conciliatorio extrajudicial goza de plena validez, sin perjuicio de la acción de nulidad que puede ejercitarse contra dicha transacción.

CUESTIÓN

La empresa reconoce la improcedencia del despido en la conciliación previa y alcanza con la persona trabajadora un acuerdo transaccional. En caso de que la persona trabajadora considere la existencia de engaño para la suscripción del acuerdo conciliatorio alcanzado ante el SMAC, ¿deberá demandar por despido?

La vía judicial adecuada para la defensa de los intereses y derechos del trabajador no es la demanda de despido, sino la demanda ejecutiva o la impugnación del acuerdo de conciliación por vicios del consentimiento. (STSJ de Cataluña n.º 389/2017, de 23 de enero, ECLI:ES:TSJCAT:2017:290).

JURISPRUDENCIA

Sentencia del Tribunal Supremo, rec. 2248/2009, de 7 de mayo de 2010, ECLI:ES:TS:2010:3153

«No es la mera secuela o el simple resultado de la incomparecencia del demandado al acto de conciliación, al que, por supuesto, hubo de ser debidamente citado, sino que, además, y, sobre todo, es el producto o consecuencia de la falta de justificación de dicha ausencia. Esa justificación podrá hacerse valer ante el órgano administrativo conciliador y éste habrá de tomar las medidas que considere necesarias o convenientes al respecto, pero el lugar adecuado para hacerlo será, desde luego, ante el órgano jurisdiccional y mediante cualquier prueba válida y eficaz en derecho. Será el órgano judicial (primero el de instancia y luego el competente para atender las eventuales impugnaciones planteadas) el que deberá pronunciarse sobre la concreta justificación de aquella ausencia y, en función de su resultado, apreciar o no la temeridad o mala fe para, en definitiva, imponer o no la correspondiente sanción. Se trata, en fin, de una automaticidad relativa, no absoluta, porque siempre cabe la intervención y la ponderación judicial sobre las causas que, de existir, podrían justificar la ausencia».

RESOLUCIONES RELEVANTES

Sentencia del TSJ Asturias, rec. 601/2019, de 28 de mayo de 2019, ECLI:ES:TSJAS:2019:1499

«La eficacia de la cosa juzgada de la conciliación judicial no es totalmente idéntica a la de la sentencia firme, porque aquella deriva y tiene que ser conjugada con su naturaleza contractual: la imposibilidad de replantear las cuestiones transigidas o conciliadas no significa que sea invulnerable, ya que su validez y eficacia puede impugnarse por las causas que invalidan los contratos (pudiendo fundamentarse por los terceros perjudicados en ilegalidad o lesividad. También sus cláusulas y términos podrán ser interpretadas conforme a las reglas de interpretación de los contratos, porque es un contrato. Ahí radican algunas de las diferencias entre la eficacia de cosa juzgada de la sentencia y de la conciliación judicial, pues las sentencias firmes solo pueden ser atacadas en juicio de revisión y no se interpretan como un contrato. Además, la exceptio pacti se hace valer procesalmente de forma y con efectos diferentes a la excepción de cosa juzgada sobre el llamado a resolver: la cosa juzgada se impone como inmutable, la transacción siempre está expuesta a que se discuta sobre su alcance, aplicación, valor y eficacia, porque es un contrato. El cumplimiento de lo acordado en la conciliación previa al juicio debe hacerse valer por la vía de la ejecución de sentencia, no siendo por tanto posible interponer en un proceso declarativo posterior demanda de reclamación de cantidad derivada de la controversia resuelta por conciliación».

Sentencia del TSJ de la Com. Valenciana, rec. 29/1998, de 18 de junio de 1999, ECLI:ES:TSJCV:1999:4228

«La falta de citación al acto de conciliación extrajudicial puede determinar una causa de nulidad de actuaciones, pero si se ha efectuado el preceptivo intento de conciliación previa con ausencia del demandado en el mismo, la citación a los actos de conciliación juicio y juicio de la demandada recurrente impide apreciar causa de indefensión alguna, máxime cuando la misma se aquietó en el juicio no formulando protesto alguno por tal motivo».

1. Plazos

La acción de nulidad caducará a los treinta días hábiles, excluidos los sábados, domingos y festivos, siguientes a aquel en que se adoptó el acuerdo (art. 67.2 de la LRJS).

Para los posibles perjudicados, el plazo contará desde que lo pudieran haber conocido.

JURISPRUDENCIA

Sentencia del TSJ Cataluña, rec. 6066/2010, de 7 de febrero de 2012, ECLI:ES:TSJCAT:2012:1984

«El plazo de caducidad para impugnar el acto de conciliación administrativa comienza a correr, no desde la celebración de la conciliación, sino desde que le fue notificada la nueva papeleta de conciliación. Cómputo del plazo de caducidad de los 30 días desde que se adoptó el acuerdo. Falta el presupuesto previo para el ejercicio de la acción, es decir, la celebración de una conciliación con acuerdo, que es el que eventualmente puede ser impugnado, al no existir por nulidad al haber comparecido en nombre del trabajador una persona sin mandato».

2. Motivos para impugnar un acuerdo

‖ a) **Por causas procesales**

Son motivos procesales de impugnación los defectos de procedimiento o vicios formales que produzcan indefensión a una de las partes, por no haberse realizado con los requisitos formales establecidos. Por ejemplo, porque no se haya citado debidamente al solicitante que, en consecuencia, no acudirá al acto de conciliación.

RESOLUCIÓN RELEVANTE

STC n.º 1/1983, de 13 de enero, ECLI:ES:TC:1983:1

«Nulidad de actuaciones en base al art. 24.1 de la CE por falta de acreditamiento de la citación a conciliación ante el IMAC, pues en aquel supuesto a dicha nulidad se llegó por falta de citación al actor —no al demandado— determinante de indefensión, supuesto distinto del de autos en que la falta de constatación de la citación del demandado no ha producido indefensión alguna para el recurrente».

|| b) Por causas sustantivas

Los motivos de impugnación materiales o sustantivos pueden consistir en un error a la hora de aplicar una norma o un artículo.

CUESTIÓN

¿Cuándo se entiende que existe error en el consentimiento a efectos de producir la nulidad del acuerdo alcanzado en la conciliación extrajudicial laboral?

Partiendo de lo dispuesto en el art. 1.266 del CC, el error invalidante del consentimiento ha de ser manifiesto, esencial e inexcusable, teniendo en cuenta que la interpretación ha de ser restrictiva y excepcional en aras de la seguridad jurídica y del fiel cumplimento de lo pactado. La STS, rec. 348/2003, de 25 de septiembre de 2003, ECLI:ES:TS:2003:5725, ha interpretado que «conforme a lo dispuesto en el art. 1266 CC, para que el error en el consentimiento invalide el consentimiento es indispensable que recaiga sobre la sustancia de la cosa que constituye su objeto o sobre aquellas condiciones de la misma que principalmente hubieran dado lugar a su celebración que derive de hechos desconocidos por el obligado voluntariamente a contratar, que no sean imputables a quien lo padece debiendo existir un nexo causal entre el mismo y la finalidad que pretendía el negocio juríd co concertado».

Analizando distintos supuestos judiciales a las exigencias para que el error en el consentimiento invalide el acuerdo alcanzado, encontramos sentencias tales como la SJS Murcia n.° 2/2018, de 28 de septiembre, ECLI:ES:JSO:2018:5563.

RESOLUCIÓN RELEVANTE

Sentencia del Tribunal Superior Madrid, rec. 1201/2007, de 8 de octubre de 2007, ECLI:ES:TSJM:2007:13327

«Desestimación de la nulidad del acto de conciliación extrajudicial que trae causa del acto de conciliación anterior, que recoge acuerdo de Junta de Gobierno atribuyendo al secretario determinadas facultades y establece que tal situación se acepta bajo la condición de que no exista una resolución jurídica que anule dicha acta o se produzca un nuevo acuerdo de la junta de gobierno modificando lo anterior. En el último acuerdo se acuerda anular los acuerdos anteriores. La conciliación, por tanto, no obedece a error alguno ni concurre ningún otro vicio del consentimiento, sino que es el resultado de lo acordado».

7.
EJECUCIÓN DEL ACTA DE CONCILIACIÓN LABORAL EXTRAJUDICIAL

La ejecución se inicia a instancia de parte y podrá solicitarse desde que la obligación acordada en el acto de conciliación fuese exigible.

Como hemos visto, la conciliación que finaliza con avenencia o acuerdo constituye el éxito del acto, ya que las partes intervinientes alcanzan un acuerdo transaccional que pone fin al conflicto. Lo acordado en conciliación ante el SMAC tendrá fuerza ejecutiva, que podrá hacerse efectiva ante los juzgados de lo social. (STS n.° 212/2023, de 22 de marzo de 2023, ECLI:ES:TS:2023:966, arts. 84.1 y 5 de la LRJS).

Tal acuerdo debería de ser cumplido pacíficamente una vez firmado, pero también cabe la posibilidad de que no sea así, y en ese caso, puede ser impugnado o ejecutado directamente (arts. 11 del Real Decreto 2756/1979, de 23 de noviembre y arts. 68 y 237 y ss. de la LRJS).

Lo acordado en conciliación (o mediación) constituye título suficiente para ejecutar directamente lo convenido, para iniciar acciones ejecutivas sin necesidad de ratificación ante el juez o tribunal, y podrá llevarse a efecto por los trámites previstos en el libro IV de la Ley 36/2011, de 10 de octubre, reguladora de la jurisdicción social, es decir, los trámites para la ejecución de sentencias.

CUESTIÓN

¿Qué significa que los acuerdos alcanzados ante el SMAC tienen fuerza ejecutiva?

Los acuerdos alcanzados en vía extrajudicial se equipararán a los alcanzados en sede judicial o a las sentencias dictadas por los jueces. El trabajador puede exigir directamente el cumplimento de dicho acuerdo en vía judicial.

En este sentido, la **STSJ de Castilla y León, rec. 2653/2000, de 16 de enero de 2001, ECLI:ES:TSJCL:2001:262**, indica lo siguiente:

«Los acuerdos alcanzados en el trámite preprocesal de conciliación administrativa exigido legalmente, gozan de la equiparación a las sentencias firmes, ex art. 68 de la Ley procesal, siendo por ello verdaderos títulos ejecutorios, sin que quepa distinguir que la transacción o acuerdo afecte a pretensiones individuales o colectivas, dado

que también cuando se ejercitan estas últimas es exigible la conciliación prejudicial —art. 154.1 de la Ley procesal, y si bien es cierto que las sentencias o conciliaciones alcanzadas por la propia naturaleza de las pretensiones colectivas —art. 151.1 de la Ley citada, tienen ordinariamente carácter declarativo, quedando satisfecho el interés tutelado, con la fijación del sentido y alcance de la norma, pacto o práctica objeto de discusión, lo que hace inviable su ejecución, nada impide que tales pretensiones tengan por objeto la imposición de concretas obligaciones a la parte demandada, si bien de contenido general respecto del grupo o colectivo a que afectan, supuesto este último en que la ejecución como integrante del derecho fundamental que consagra el art. 24 de la Ley Fundamental, es exigible a tenor del invocado art. 158.2 de la Ley procesal, si bien modalizando dicha ejecución, como señala el art. 301 de la propia Ley, atendida la peculiar naturaleza de la pretensión satisfecha».

Se incluye en la ejecución, las obligaciones de hacer, no hacer, dar y dinerarias. Sin embargo, hay situaciones dudosas cuya ejecución no ha sido posible conforme ha ido resolviendo la jurisprudencia, bien por inexistencia sobrevenida (imaginemos la ejecución de una readmisión acordada en una conciliación por despido que luego no se lleva a efecto), bien por falta de legitimación en la persona que aceptó el acuerdo en nombre de la empresa, bien por incompetencia territorial o por razón de la materia del órgano judicial para conocer del asunto objeto de la ejecución.

JURISPRUDENCIA

STS, rec. 2432/2014, de 20 de julio de 2016, ECLI:ES:TS:2016:4024

*«Posibilidad de modificación de partes en la ejecución en un proceso de ejecución definitiva de títulos judiciales y/o extrajudiciales por acreditación de una serie de maniobras entre las empresas para perjudicar a los trabajadores que han tenido lugar con posterioridad a la formación del título ejecutivo, lo que hace posible la **ampliación de la ejecución** a la empresa recurrente».*

STS, rec. 25/2001, de 26 de octubre de 2001, ECLI:ES:TS:2001:8323

«La avenencia en la conciliación extrajudicial o previa al juicio entre un trabajador y un empresario constituye un supuesto especial de contrato de transacción; como tal contrato de transacción persigue una finalidad de «evitación del proceso» o, en los términos muy similares del art. 1809 CC, de evitar «la provocación de un pleito»; tal finalidad de la conciliación extrajudicial se ha reforzado, a partir de la LPL 1990 (actual LRJS), mediante la atribución a la avenencia en conciliación de la condición de título que lleva aparejada ejecución, y en consecuencia, el cumplimiento de lo acordado en la conciliación previa al juicio debe hacerse valer por la vía de la ejecución de sentencia».

RESOLUCIÓN RELEVANTE

STSJ de Madrid, rec. 3869/2012, de 5 de octubre de 2012, ECLI:ES:TSJM:2012:13926

«Lo acordado en conciliación o en mediación constituye título bastante para iniciar acciones ejecutivas sin necesidad de ratificación ante el juez o tribunal».

STSJ de Andalucía, rec. 1026/2011, de 24 de noviembre de 2011, ECLI:ES:TSJAND:2011:17665

*«El criterio de que no cabe acudir a los trámites de ejecución de sentencia al no fijarse en el acta de conciliación **cantidad líquida** alguna resulta del todo errático cuando de la literalidad y contenido del acuerdo alcanzado y plasmado en acta de*

conciliación resulta que los importes a abonar el trabajador, pese a no figurar explícitamente indicados en el acta, son **perfecta y fácilmente determinables** *verificando con ello más que elementales operaciones numéricas sustentadas, además, en los propios documentos de finiquito que obran en poder de ambas partes. Y ante ello se lleva a la evidente conclusión de que en el acta de conciliación se contiene el compromiso del trabajador de abonar a la empresa una cantidad líquida y determinada —o a lo sumo determinable—. Tampoco existió ni pudo existir divergencia alguna en orden a la determinación de quién sería la persona responsable de dicho pago».*

STSJ de Galicia, rec. 4331/2013, de 13 de octubre de 2014, ECLI:ES:TSJGAL:2014:7737

«Configurándose la conciliación como una actividad preprocesal de carácter obligatorio que tiende a evitar un proceso ulterior y, a la vez, como un presupuesto procesal para la admisión de la demanda, resulta evidente que **sólo se podrá ejecutar,** *en aplicación del artículo 68 de la LRJS (ex Ley Procesal Laboral),* **lo acordado en la conciliación** *de que se trata. Se aplican las normas de interpretación de los contratos».*

STSJ de Madrid, rec. 1551/2011, de 13 de enero de 2012, ECLI:ES:TSJM:2012:69

«Nada impide a la Juez a quo, una vez declarada la inadecuación de procedimiento en sentencia firme y ante la expresa petición de ejecución de la conciliación instada por la actora, resolver **transformando la acción primigeniamente ejercitada** *y seguir el procedimiento ejecutivo que, según la propia empresa, era el único apropiado, para hacer realidad el derecho fundamental a la tutela judicial efectiva».*

1. El proceso de ejecución

La ejecución se inicia a instancia de parte y podrá solicitarse desde que la obligación acordada en el acto de conciliación fuese exigible, mediante escrito del interesado, en el que, además de los datos identificativos de las partes, expresará (art. 239 de la LRJS):

- Clase de tutela ejecutiva que se pretende en relación con el título ejecutivo aducido.
- Tratándose de ejecuciones dinerarias, la cantidad líquida reclamada como principal, así como la estimada para intereses de demora y costas.
- Bienes del ejecutado susceptibles de embargo de los que tuviere conocimiento y, en su caso, si los considera suficientes para el fin de la ejecución.
- Medidas que proponga para llevar a debido efecto la ejecución.
- Certificación del organismo administrativo, conciliador o mediador.
- En el caso de títulos extrajudiciales, como es el caso del acuerdo alzando en el SMAC, deberá acompañarse la certificación del organismo administrativo o conciliador.

Una vez iniciada, la ejecución se tramitará de oficio, dictándose al efecto las resoluciones necesarias. No obstante, si la parte ejecutada cumpliera en su integridad la obligación exigida contenida en el título, incluido en el caso de ejecución dineraria el abono de los intereses procesales si procedieran, dentro del plazo de los veinte días siguientes a la fecha de firmeza de la sentencia o resolución judicial ejecutable o desde que el título haya quedado constituido o, en su caso, desde que la obligación declarada en el título ejecutivo fuese exigible, no se le impondrán las costas de la ejecución que se hubiere instado (art. 239.3 de la LRJS).

Sin perjuicio del plazo especial de 20 días establecido para ejecutar la readmisión acordada por parte del trabajador (art. 279 de la LRJS), el plazo para instar la ejecución será igual al fijado en las leyes sustantivas para el ejercicio de la acción tendente al reconocimiento del derecho cuya ejecución se pretenda. Dicho plazo será de prescripción a todos los efectos (art. 243.1 de la LRJS).

CUESTIONES

1. ¿Puede ser que no se ejecute el acuerdo del SMAC?

Solo puede decretarse la inejecución de una sentencia u otro título ejecutivo si, decidiéndose expresamente en resolución motivada, se fundamenta en una causa prevista en una norma legal y no interpretada restrictivamente. Contra el auto resolutorio del recurso de reposición interpuesto contra el auto en que se deniegue el despacho de la ejecución, procederá recurso de suplicación o de casación ordinario, en su caso (art. 239.5 de la LRJS).

2. ¿Cómo se ejecutará lo acordado en el SMAC?

Se llevará a efecto en los propios términos establecidos en el título que se ejecuta.

‖ a) Competencia

Es competente para conocer la ejecución el órgano judicial que hubiera debido conocer del asunto en instancia.

‖ b) Legitimación

Están legitimados para ejecutar el acuerdo alcanzado en la conciliación extrajudicial previa los interesados y quienes aleguen un derecho o interés legítimo y personal que pudiera resultar afectado por la ejecución.

La modificación o cambio de partes en la ejecución debe efectuarse, de mediar oposición y ser necesaria prueba, a través del trámite incidental, siempre que el cambio sustantivo se hubiere producido con posterioridad a la constitución del título objeto de ejecución.

Si la ejecución se acciona frente a entidades sin personalidad jurídica que actúen en el tráfico como sujetos diferenciados, podrá despacharse ejecución frente a los socios, partícipes, miembros o gestores que hayan actuado en el tráfico jurídico o frente a los trabajadores en nombre de la entidad, siempre que se acredite por medio del incidente de ejecución tal condición. Excluidas de este supuesto las comunidades de propietarios de inmuebles en régimen de propiedad horizontal.

El Ministerio Fiscal será siempre parte en los procesos de ejecución derivados de títulos ejecutivos en que se haya declarado la vulneración de derechos fundamentales y de libertades públicas.

‖ c) Ejecución dineraria

Cuando le requiera al efecto el LAJ, el ejecutado (o administradores, representantes o directores de personas jurídicas o sin personalidad, o comunidades de bienes) está obligado a efectuar manifestación sobre (art. 249 de la LRJS):

– Sus bienes o derechos y las cargas sobre los mismos.

– Las personas que ostenten derechos de cualquier naturaleza sobre sus bienes.

– Otros procesos que puedan ser de interés para la ejecución.

Si no se conoce la existencia de bienes suficientes, el LAJ se dirigirá a los pertinentes organismos y registros públicos a fin de que faciliten la relación de todos los bienes o derechos del deudor de los que tengan constancia, tras la realización por estos, si fuere preciso, de las averiguaciones legalmente posibles, así como a las entidades financieras o depositarias o de otras personas privadas que deban tener constancia de los bienes o derechos de este o pudieran resultar deudoras del mismo.

El LAJ con el fin de obtener y asegurar el cumplimiento de la obligación que ejecute, podrá imponer apremios pecuniarios cuando ejecute obligaciones de dar, hacer o no hacer o para obtener el cumplimiento de las obligaciones legales impuestas en una resolución judicial. El órgano judicial, a su vez, también podrá imponer multas coercitivas a quienes, no siendo parte en la ejecución, incumplan injustificadamente sus requerimientos tendentes a lograr la debida y completa ejecución de lo resuelto o para obtener el cumplimiento de las obligaciones legales impuestas en una resolución judicial.

‖ d) Ejecución de la readmisión

Cuando el empresario no procede a la readmisión del trabajador acordada en la conciliación previa, este podrá solicitar su ejecución ante el juzgado de lo social, dentro de los veinte días siguientes a la fecha en que debería haberse realizado conforme a los arts. 238 y 278 y ss. de la LRJS.

El juez oirá a las partes en comparecencia, que se ajustará a lo dispuesto en el artículo 280 de la LRJS y en el apartado 1 del artículo 281 de la LRJS, y dictará auto sobre si la readmisión se ha efectuado o no y, en su caso, si lo fue en debida forma. En el supuesto de que se estimara que la readmisión no tuvo lugar o no lo fue en forma regular, ordenará reponer al trabajador a su puesto dentro de los cinco días siguientes a la fecha de dicha resolución, apercibiendo al empresario de que, de no proceder a la reposición o de no hacerlo en debida forma, se adoptarán las medidas que establece el artículo siguiente (art. 283 de la LRJS).

RESOLUCIONES RELEVANTES

Sentencia del TSJ Galicia, rec. 2998/1999, de 11 de octubre de 1999, ECLI:ES:TSJGAL:1999:5763

*«Ante un supuesto de ejecución derivada de lo acordado en acto de conciliación extrajudicial, siendo incuestionable que, para determinar los términos de lo acordado, en aras de dilucidar si hubo o no **readmisión irregular**, habrá de atenderse al contenido del título ejecutivo, esto es, el acto de conciliación».*

Sentencia del TSJ Cataluña, rec. 454/2001, de 20 de noviembre de 2001, ECLI:ES:TSJCAT:2001:14365

«La readmisión acordada en el acto de conciliación extrajudicial habrá de ejecutarse por el procedimiento del art. 276 (actual art. 278 de la LRJS), o bien por el procedimiento del art. 280 de la Ley de Procedimiento Laboral (actual art. 282 de la LRJS), en función de las causas y circunstancias en que dicha readmisión se haya producido; esto es, cuando la empresa en la conciliación reconozca la nulidad del despido o este dato se desprenda de los elementos de juicio que concurran en el caso, y cuando la readmisión se produzca porque el trabajador ostenta la condición de miembro del comité de empresa, delegado de personal o delegado sindical, la ejecución habrá de llevarse a efecto en los términos de los arts. 280 y siguientes de la Ley de Procedimiento Laboral (actual art. 282 y ss. de la LRJS); mientras que por el contrario, si la readmisión no obedece a ninguna de esta razones sus efectos han de equipararse a la opción del empresario a que se refiere el art. 276 (actual art. 281 de la LRJS), debiendo por lo tanto ejecutarse conforme a lo prevenido en este precepto legal».

‖ e) Plazo para solicitar la ejecución

Será igual al fijado en las leyes para el ejercicio de la acción tendente al reconocimiento del derecho cuya ejecución se pretenda. No obstante, el plazo para reclamar el cumplimiento de las obligaciones de entregar sumas de dinero será de un año (art. 243.2 de la LRJS).

‖ f) Supuestos de suspensión y aplazamiento de la ejecución

La ejecución únicamente podrá ser suspendida en los siguientes casos:

– Cuando así lo establezca la ley.

– A petición del ejecutante o de ambas partes por un máximo de tres meses, salvo que la ejecución derive de un procedimiento de oficio.

Si el cumplimiento inmediato de la obligación que se ejecuta pudiera ocasionar a trabajadores dependientes del ejecutado perjuicios desproporcionados en relación a los que al ejecutante se derivarían del no cumplimiento exacto, por poner en peligro cierto la continuidad de las relaciones laborales subsistentes en la empresa deudora, el letrado o letrada de la Administración de Justicia, mediante decreto recurrible directamente en revisión, podrá, previa audiencia de los interesados y en las condiciones que establezca, conceder un aplazamiento por el tiempo imprescindible.

CUESTIÓN

¿Qué sucede si el ejecutante solicita suspender o paralizar el plazo?

Las partes podrán solicitar de mutuo acuerdo la suspensión de la ejecución, por un tiempo que no podrá exceder de quince días, para someter las discrepancias que se susciten en el ámbito de la ejecución a los procedimientos de mediación (art. 63 de la LRJS). De alcanzarse un acuerdo deberá someterse a homologación judicial en la forma y con los efectos establecidos para la transacción (art. 246 de la LRJS). En caso contrario, se levantará la suspensión y se continuará con la tramitación.

Suspendido o paralizado el proceso a petición del ejecutante o por causa a él imputable y transcurrido un mes sin que haya instado su continuación o llegado el plazo a que se refiere el art. 244.1.b) de la LRJS, el letrado o letrada de la Administración de Justicia requerirá a aquél a fin de que manifieste, en el término de cinco días, si la ejecución ha de seguir adelante y solicite lo que a su derecho convenga, con la advertencia de que transcurrido este último plazo se archivarán las actuaciones. (art. 244.2 y 3 de la LRJS, con efectos de 24/01/2024).

2. Intereses

Salvo que motivadamente se disponga otra cosa, la cantidad por la que se despache ejecución en concepto provisional de intereses de demora no excederá del importe de los que se devengarían durante un año.

En cuanto a los intereses de la mora procesal, se estará a lo dispuesto en el artículo 576 de la LEC, si bien si transcurren tres meses del despacho de la ejecución sin que el ejecutado cumpliere en su integridad la obligación, el interés legal podrá incrementarse en dos puntos.

3. Recurso de suplicación de la ejecución

Es procedente recurrir en suplicación frente a recursos de reposición contra los autos dictados en procedimientos de ejecución de lo acordado en actos de conciliación previos, aunque en el pasado esta posibilidad haya sido objeto de controversia.

Asimismo, es recurrible en suplicación los títulos, como es la conciliación previa, siempre que, de tratarse de ejecución derivada de otro título, haya recaído en asunto en el que, de haber dado lugar a sentencia, la misma hubiere sido recurrible en suplicación en los siguientes supuestos:

– Cuando denieguen el despacho de ejecución.

– Cuando resuelvan puntos sustanciales no controvertidos en el pleito, no decididos en la sentencia o que contradigan lo ejecutoriado.

– Cuando pongan fin al procedimiento incidental en la ejecución decidiendo cuestiones sustanciales no resueltas o no contenidas en el título ejecutivo.

– En los mismos casos, procederá también recurso de suplicación en ejecución provisional si se hubieran excedido materialmente los límites de la misma o se hubiera declarado la falta de jurisdicción o competencia del orden social.

Recapitulando todo lo anterior, el recurso de suplicación es una segunda instancia en los casos en que se deniega la ejecución de lo acordado en el acto de conciliación. De esta manera, el solicitante del acuerdo de conciliación podrá recurrir en suplicación en el caso de que el órgano judicial no quiera ejecutar lo declarado en el acto de conciliación.

JURISPRUDENCIA

STS, rec. 3719/1995, de 11 de julio de 1996, ECLI:ES:TS:1996:4255

«Nada obsta a que sean recurridos en suplicación los autos dictados en proceso de ejecución en el que el título sea la certificación de conciliación administrativa. Cierto

que el artículo 188.2 de la Ley de Procedimiento Laboral (actual 190.2 de la LRJS), sobre resoluciones recurribles en suplicación, se refiere explícitamente sólo a la ejecución de sentencias, más ello no es decisivo a tales defectos si se advierte que el propio Libro IV de dicho texto legal, relativo al proceso de ejecución, lleva por epígrafe "de la ejecución de sentencias", lo cual no impide que deban estimarse incluidos dentro de dicha regulación aquellos casos en que no sea la sentencia el título de ejecución. No hay razones bastantes que justifiquen la exclusión de tal recurso, siempre que exista la misma razón de impugnación: es decir, que se trate de materias que, en supuesto de proceso contencioso, hubieran sido susceptibles de conocimiento por la Sala en trámite de suplicación, y que el auto recurrido resuelva extremos "que contradigan lo ejecutoriado", o sea, que contradigan el propio contenido del título de ejecución».

4. Transacción en la ejecución

El acuerdo o transacción en el proceso de ejecución deberá formalizarse mediante un convenio, suscrito por todas las partes afectadas en la ejecución y sometido a homologación judicial para su validez, debiendo ser notificado al Fondo de Garantía Salarial (en los casos que sea parte este organismo).

El convenio podrá consistir en:

- El aplazamiento de la deuda.
- En la reducción de la deuda.
- En ambas cosas a la vez.
- En la novación objetiva o subjetiva, es decir, en un nuevo acuerdo.
- Sustitución de lo acordado por otra obligación contenida en el acta de conciliación.
- En el modo de cumplimiento, en especial del pago efectivo de las deudas dinerarias.
- En la constitución de las garantías adicionales.
- En cuantos pactos lícitos puedan establecer las partes.

Entendiéndose, en tales casos, que el incumplimiento de alguno de los plazos o de las obligaciones parciales acordadas determina el fin del aplazamiento o el vencimiento de la totalidad de la obligación.

El juzgado u órgano jurisdiccional homologará el convenio mediante auto (un tipo de resolución), velando por el necesario equilibrio de las prestaciones y la igualdad entre las partes. La STS, rec. 3034/2012, de 27 de diciembre de 2013, ECLI:ES:TS:2013:6658, indica que «(...) la posibilidad de llegar a soluciones pactadas, no impuestas por una de las partes, en el ámbito de la ejecución definitiva de sentencias, se contempla ahora a través de la figura de la transacción en la ejecución en el art. 246 LRJS, pero para ello hace falta, entre otros requisitos el acuerdo entre las partes, debiéndose velar judicialmente por el "necesario equilibrio de las prestaciones y la igualdad entre las partes" y siendo el auto por el que se apruebe la transacción en la ejecución el nuevo título ejecutivo en sustitución del título ejecutivo inicial».

La impugnación del auto por el que se apruebe la transacción en la ejecución se efectuará ante el órgano jurisdiccional que hubiera homologado la misma y se regirá por lo dispuesto para la impugnación de la conciliación judicial.

A TENER EN CUENTA. La ejecución continuará hasta que no se constate el total cumplimiento del convenio, siendo título ejecutivo la resolución de homologación del acuerdo en sustitución del título ejecutivo inicial (art. 246.4 in fine de la LRJS).

CUESTIÓN

¿El juez puede decidir no homologar el acuerdo en la ejecución?

Por regla general, no, salvo que el acuerdo sea constitutivo de lesión grave para alguna de las partes o para terceros, de fraude de ley o de abuso de derecho, o contrario al interés público, o afecte a materias que se encuentren fuera del poder de disposición de las partes.

JURISPRUDENCIA

ATS, rec. 3380/2020, de 28 de octubre de 2021, ECLI:ES:TS:2021:14547A

Es posible la transacción, incluso en el recurso de unificación de la doctrina. «Las partes pueden disponer válidamente del objeto del proceso, en cualquier momento del mismo, y en concreto en el momento en que aquí lo han hecho, situado ya dentro del ámbito de la competencia funcional de esta Sala

(...)

No existe norma legal prohibitiva ni limitativa de la transacción que nos ocupa, ni se aprecia que la misma pueda afectar al interés general o perjudicar a terceros ni causar lesión grave a alguna de las partes».

STS 265/2020, de 5 de mayo de 2020, ECLI:ES:TS:2020:186

«La impugnación del auto por el que se apruebe la transacción en la ejecución, se efectuará ante el órgano jurisdiccional que hubiera homologado la misma, y se regirá por lo dispuesto para la impugnación de la conciliación judicial.

El art. 67.1 de la LRJS al que se remite el precepto anterior, señala:

El acuerdo de conciliación o de mediación podrá ser impugnado por las partes y por quienes pudieran sufrir perjuicio por aquél, ante el juzgado o tribunal al que hubiera correspondido el conocimiento del asunto objeto de la conciliación o de la mediación, mediante el ejercicio por las partes de la acción de nulidad por las causas que invalidan los contratos o por los posibles perjudicados con fundamento en su ilegalidad o lesividad.

En el presente caso, se formula demanda por la vía procesal de impugnación del acuerdo de conciliación judicial, —en concreto del Auto de la Audiencia Nacional de 22 de julio de 2015—, en la que se interesa la nulidad del convenio transaccional de 6 de noviembre de 2014 (hp quinto de la sentencia recurrida) suscrito por las empresas codemandadas, las secciones sindicales de UGT, CCOO, y por los secretarios generales de tales secciones sindicales, por entender que es de aplicación en sus propios términos lo resuelto en la STS/IV de 26 de enero de 2010.

En consecuencia, la modalidad de impugnación del acuerdo de conciliación utilizada por los demandantes ante la Sala Social de la Audiencia Nacional, encaja en las normas antes transcritas, y ha de estimarse que es la adecuada».

ATS, rec. 256/2014, de 17 de julio de 2015, ECLI:ES:TS:2015:7301A

Homologación del acuerdo de transacción ante el TS como órgano que se encontraba tramitando el recurso de casación de unificación de doctrina.

8.
ACUERDOS EXTRAJUDICIALES SUPEDITADOS A SU RATIFICACIÓN EN EL SMAC

Al amparo del art. 19 de la LEC y arts. 63 a 68, 82.3, 85.7 y 8, 235.4, y 246 de la LRJS se infiere que las partes pueden disponer válidamente del objeto del proceso en cualquier momento del mismo. No obstante, en el orden social, resultan de suma importancia los posibles preacuerdcs en materia de despido con la finalidad de evitar litigios conforme al principio de autonomía de la voluntad de las partes predicado por los arts. 1255 y 1114 del Código Civil.

Mediante los denominados acuerdos transaccionales de despido, con carácter general, la empresa se compromete al pago de una indemnización cuya cuantía es el resultado de lo expresamente acordado por ambas partes, siempre y cuando se realice el acto de conciliación con avenencia formalizado ante el SMAC competente, tras la presentación, a instancia del trabajador, de la correspondiente demanda de conciliación previa.

En estos casos:

- Será necesario validación por parte de la autoridad laboral para que la indemnización pueda quedar exenta de IRPF total o parcialmente. (STSJ de Madrid, rec. 506/2014, de 5 de febrero de 2015, ECLI:ES:TSJM:2015:448 y STSJ de Galicia, rec. 2667/2017, de 13 de octubre de 2017, ECLI:ES:TSJGAL:2017:6587).

- El trabajador queda vinculado al acuerdo por lo que no podrá acudir a los tribunales salvo existencia de dolo, fraude o incumplimiento por parte de la empresa del pago pactado. (STS n.° 420/2018, de 19 de abril, ECLI:ES:TS:2018:1710). La Ley ha establecido las necesarias cautelas para evitar que, en casos de lesión grave para las partes, fraude de ley o abuso de derecho, no se apruebe el acuerdo (artículo 235.4 de la LRJS; los vicios de voluntad, la ausencia de objeto cierto que sea materia del pacto, o la expresión en él de una causa falsa, caso de acreditarse, privarían al acuerdo de eficacia, al igual que ocurriría en los casos en los que el pacto sea contrario a una norma imperativa, al orden público o perjudique a terceros o contenga una renuncia genérica y anticipada de derechos contraria al artículo 3.5

del Estatuto de los Trabajadores . (ATSJ de Madrid n.° 9/2012, de 7 de junio de 2012, ECLI:ES:TSJM:2012:102A y STSJ de Madrid n.° 673/2014, de 23 de Julio de 2014)

– El carácter transaccional del acuerdo, exige estar a los límites propios de la transacción. Lo recomendable sería ofrecer una mejora de los derechos del trabajador recogidos en la legislación.

El acuerdo resultará válido desde su firma pero podríamos hablar de «formalización» ante el SMAC o incluso de «otorgamiento del acta de conciliación administrativa» para que surtiese efectos según se estipule en el propio documento.

ANEXO.
FORMULARIOS

Formulario de papeleta de conciliación ante el SMAC por reclamación de cantidad

Será requisito previo para la tramitación del proceso el intento de conciliación o, en su caso, de mediación ante el servicio administrativo correspondiente o ante el órgano que asuma estas funciones que podrá constituirse mediante los acuerdos interprofesionales o los convenios colectivos a los que se refiere el artículo 83 del Texto Refundido de la Ley del Estatuto de los Trabajadores, así como mediante los acuerdos de interés profesional a los que se refieren el artículo 13 y el apartado 1 del artículo 18 de la Ley del Estatuto del trabajo autónomo (art. 63 de la LRJS).

La presentación de la solicitud de conciliación o de mediación suspenderá los plazos de caducidad e interrumpirá los de prescripción. El cómputo de la caducidad se reanudará al día siguiente de intentada la conciliación o mediación o transcurridos quince días hábiles, excluyendo del cómputo los sábados, desde su presentación sin que se haya celebrado.

En todo caso, transcurridos treinta días, computados en la forma indicada en el número anterior, sin haberse celebrado el acto de conciliación o sin haberse iniciado mediación o alcanzado acuerdo en la misma se tendrá por terminado el procedimiento y cumplido el trámite (art. 64 de la LRJS).

El plazo de prescripción de este tipo de reclamaciones es de 1 año.

Según establece el art. 29.3 del Estatuto de los Trabajadores, en la reclamación de cantidad se puede solicitar el 10 % de interés anual moratorio laboral.

Téngase en cuenta que, con efectos de 20/03/2024, los procesos monitorios en el orden social se exceptúan del requisito del intento de conciliación previa (art. 64.1 de la LRJS, con efectos de 20/03/2024).

AL SERVICIO DE MEDIACIÓN, ARBITRAJE Y CONCILIACIÓN (1)

D./D.ª [NOMBRE_TRABAJADOR_A], con DNI n.º [NÚMERO], y domicilio a efectos de notificación en [DOMICILIO_TRABAJADOR], comparece en nombre propio y,

EXPONE

Que, mediante el presente escrito, a tenor de lo dispuesto en el artículo 63 de la Ley de la Jurisdicción Social, viene a promover acto preceptivo de conciliación en reclamación por [ESPECIFICAR], siendo la otra parte interesada (2) [NOMBRE] y teniendo en consideración los siguientes,

HECHOS (3)

PRIMERO.- He venido prestando mis servicios para la empresa demandada desde el día [DÍA], mediante contrato laboral [INDEFINIDO/TEMPORAL], en el grupo profesional de [GRUPO_PROFESIONAL] y salario mensual de [CANTIDAD] euros, incluida la prorrata de pagas extraordinarias, según convenio colectivo de [CONVENIO_COLECTIVO_APLICABLE].

SEGUNDO.- La empresa demanda, mediante carta de fecha [FECHA], me comunicó mi despido por causas [ESPECIFICAR], frente al que se ha interpuesto la correspondiente demanda ante los juzgados de lo social de esta ciudad.

TERCERO.- La empresa me adeuda las cantidades que a continuación se indican y por los conceptos que, igualmente, se detallan:

– Salario base devengado en el periodo comprendido entre el día [FECHA] al [FECHA], ambos inclusive, que, a razón de [CANTIDAD] euros diarios, asciende a un total de [CANTIDAD] euros.

CUARTO.- Asimismo se me adeudan [CANTIDAD] horas extraordinarias realizadas en el periodo comprendido entre el [FECHA] y [FECHA] y que, a seguido, se desglosan:

– Semana del [FECHA] al [FECHA]: se realizó un promedio de [CANTIDAD] horas y, por tanto, [CANTIDAD] de horas extraordinarias. El detalle es el siguiente:

  • Día [FECHA]: horario [ESPECIFICAR] horas.

  • Día [FECHA]: horario [ESPECIFICAR] horas.

  • Día [FECHA]: horario [ESPECIFICAR] horas.

  • Día [FECHA]: horario [ESPECIFICAR] horas.

  • Día [FECHA]: horario [ESPECIFICAR] horas.

Las horas realizadas en exceso de la jornada de promedio semanal no me han sido compensadas con descansos, por lo que corresponde retribuir las mismas con arreglo al precio hora señalado en el [CONVENIO_COLECTIVO_APLICABLE] [CANTIDAD] euros hora y, por tanto, se me adeuda un total [CANTIDAD] euros por este concepto ([NÚMERO] horas extraordinarias por [CANTIDAD] euros hora). **(4)**

QUINTO.- Que, en base a lo establecido en el art. 29.3 del Real Decreto Legislativo 2/2015, de 23 de octubre, por el que se aprueba el texto refundido de la Ley del Estatuto de los Trabajadores, «El interés por mora en el pago del salario será el diez por ciento de lo adeudado», por lo que a las cantidades citadas han de incrementarse [CANTIDAD] euros en concepto de interés anual moratorio laboral.

PRETENSIÓN (5)

El solicitante pretende que la parte interesada se avenga a abonarme la cantidad reclamada y que el monto total asciende a [CANTIDAD] euros.

Por lo expuesto,

SOLICITA AL SMAC [U ÓRGANO QUE CORRESPONDA]:

Que se admita la presente papeleta de conciliación y se ordene la tramitación correspondiente, citando a las partes al oportuno acto de conciliación.

En [LOCALIDAD], a [DÍA] de [MES] de [AÑO].

[FIRMA]

---

(1) Designar el órgano administrativo (o, en su caso, convencional) con funciones conciliadoras, al que se dirige el escrito.

(2) Identificar con exactitud las partes interesadas (futuros demandados).

(3) Es el «Cuerpo expositivo» de la papeleta, en la que debe especificarse los hechos concretos sobre los que versa la pretensión de forma clara y concisa. Es conveniente redactarlos en párrafos separados y numerados.

(4) Téngase en cuenta que, con efectos de 20/03/2024, para la reclamación de cantidades que no excedan de quince mil euros mediante el proceso monitorio en el orden social (art. 101 de la LRJS) no resulta necesario el intento de conciliación previa (art. 64.1 de la LRJS, con efectos de 20/03/2024).

(5) Concretar la pretensión deducida.

Escrito de conciliación ante el SMAC por despido improcedente quitando valor liberatorio al documento de saldo y finiquito

Para que la firma del finiquito por parte del trabajador adquiera valor extintivo de la relación laboral y liberatorio han de cumplirse una serie de requisitos establecidos por la jurisprudencia ante el vacío legal de la normativa.

El trabajador podrá acumular a la acción de despido la reclamación de la liquidación de las cantidades adeudadas hasta esa fecha conforme al artículo 49.2 del Estatuto de los Trabajadores. No obstante, si por la especial complejidad de los conceptos reclamados se pudiesen derivar demoras excesivas al proceso por despido, el juzgado podrá disponer, acto seguido de la celebración del juicio, que se tramiten en procesos separados las pretensiones de despido y cantidad, para lo que dispondrá la deducción de testimonio o copia de las actuaciones y elementos de prueba que estime necesarios a fin de poder dictar sentencia sobre las pretensiones de cantidad en el nuevo proceso resultante.

El presente escrito permite la solicitud de conciliación previa ante el SMAC con anterioridad a la presentación de demanda por despido improcedente solicitando la falta de valor liberatorio del finiquito firmado.

AL SERVICIO DE MEDIACIÓN, ARBITRAJE Y CONCILIACIÓN DE [PROVINCIA]

D./Dña. [NOMBRE_ABOGADO_CLIENTE], abogado/a (graduado social), colegiado con el n.º [NUMEROCOLEGIADO_ABOGADO_CLIENTE], en nombre y representación de D./Dña. [NOMBRE_CLIENTE], mayor de edad, poseedor del DNI n.º [NIF_CIF_DNI_CLIENTE], y vecino de [LOCALIDAD], con domicilio en calle [CALLE], ante el Servicio de Mediación, Arbitraje y Conciliación de [PROVINCIA], comparezco y

DIGO

Que por medio del presente escrito, vengo a presentar **PAPELETA DE CONCILIACIÓN EN MATERIA DE DESPIDO IMPROCEDENTE Y FALTA DE CONFORMIDAD CON LAS CANTIDADES RECIBIDAS EN CONCEPTO DE FINIQUITO**, contra la empresa [NOMBRE_EMPRESA], dedicada a la actividad de [ACTIVIDAD_EMPRESA], provista de CIF [CIF], y con domicilio social en [DOMICILIO_SOCIAL]. Solicitud que se basa en los siguientes

HECHOS

PRIMERO.- El demandante ha venido prestando sus servicios en la empresa demandada desde el [DÍA] de [MES] de [AÑO], bajo el grupo de [GRUPO_PROFESIONAL] y un salario de [CANTIDAD] euros, [INCLUIDA/EXCLUIDA] la prorrata de pagas extras.

SEGUNDO.- Con fecha [DÍA] de [MES] de [AÑO], la empresa demandada hizo entrega al firmante de una carta, cuya fotocopia se adjunta como doc. n.º 1, en la que se le notificaba el despido basado en [ESPECIFICAR].

TERCERO.- Los hechos alegados en la referida comunicación son inciertos ya que [ESPECIFICAR], por lo que, en consecuencia, el despido notificado, ha de ser considerado como improcedente.

CUARTO.- Con fecha [DÍA] de [MES] de [AÑO], D./Dña. [NOMBRE_PERSONA_TRABAJADORA] firmó el finiquito de su relación laboral por un importe de [CANTIDAD] euros, desglosado en los siguientes conceptos y cantidades: [ESPECIFICAR].

QUINTO.- Este finiquito no es correcto a pesar de su firma por [ESPECIFICAR]. **(1)**

SEXTO.- El suscrito no ocupa ni ha ocupado cargo electivo sindical ni está amparado por garantías sindicales dimanantes del ejercicio del mismo.

SÉPTIMO.- Se ha intentado la conciliación ante el **Servicio de Mediación Arbitraje y Conciliación** con el resultado de [ESPECIFICAR], conforme queda acreditado por la certificación que adjunta se acompaña.

Por lo expuesto,

SOLICITO AL SERVICIO DE MEDIACIÓN, ARBITRAJE Y CONCILIACIÓN DE [PROVINCIA]:

Teniendo por presentada esta papeleta de conciliación, cite en legal forma a la empresa [NOMBRE_EMPRESA] en la persona de su legal representante o persona autorizada en derecho, al objeto de que en la preceptiva conciliación se avenga en reconocer la improcedencia del despido notificado el [DÍA] de [MES] de [AÑO] con fecha de efectos de [DÍA] de [MES] de [AÑO] y las cantidad de [CANTIDAD] euros en concepto de finiquito, para que a su opción, y conforme a lo dispuesto en el artículo 56 del Estatuto de los Trabajadores, proceda a la readmisión del demandante en su puesto de trabajo con las condiciones inherentes a las de indefinido, o al pago de la indemnización legalmente establecida, con abono en caso de readmisión, de los salarios dejados de percibir desde el día [DÍA] de [MES] de [AÑO].

En [LOCALIDAD], a [DÍA] de [MES] de [AÑO].

[FIRMA]

---

(1) Consignar la falta de alcance y contenido del pacto o acuerdo manifestado en un documento de finiquito. A modo de ejemplo: «la existencia de sucesivos contratos temporales con firma de finiquito a la finalización de cada uno de ellos», «la extinción fue motivada por un periodo de prueba no pactado por escrito», «no contener expresamente el efecto extintivo de la relación laboral», «contener una liquidación inferior a la que legalmente corresponde de (…) euros», «que en el momento de la firma del finiquito el trabajador se encontraba en una especial situación anímica», «haber existido una intimidación», «presión por parte del empresario para su firma consiente en (...)», «contrato temporal por acumulación de tareas sin especificar cuáles eran éstas», etc. (STS, rec. 1067/2008, de 21 de julio, ECLIES:TS:2009:5363; STS, rec. 3554/2011, de 12 de junio, ECLI:ES:TS:2012:4456; STS, rec. 34/2013, de 2 de diciembre, ECLI:ES:TS:2013:6436).

Papeleta de conciliación ante el SMAC en reclamación de despido objetivo (reconocimiento de improcedencia)

Será requisito previo para la tramitación del proceso el intento de conciliación o, en su caso, de mediación ante el servicio administrativo correspondiente o ante el órgano que asuma estas funciones. La presentación de la solicitud de conciliación o de mediación suspenderá los plazos de caducidad e interrumpirá los de prescripción. El cómputo de la caducidad se reanudará al día siguiente de intentada la conciliación o mediación o transcurridos quince días hábiles, excluyendo del cómputo los sábados, desde su presentación sin que se haya celebrado.

El plazo para reclamar el despido es de caducidad teniendo 20 días hábiles para presentar papeleta de conciliación ante el SMAC.

AL SERVICIO DE MEDIACIÓN, ARBITRAJE Y CONCILIACIÓN DE [PROVINCIA]

D./D.ª [NOMBRE_PERSONA_TRABAJADORA], mayor de edad, en posesión del DNI número [DNI_TRABAJADOR], con domicilio a efectos de notificación en [DOMICILIO_TRABAJADOR], número de teléfono [NÚMERO] y dirección de correo electrónico [E_MAIL] (1), ante el Servicio de Mediación, Arbitraje y Conciliación de [PROVINCIA], comparezco y

DIGO

Que, por medio del presente escrito, vengo a presentar **PAPELETA DE CONCILIACIÓN EN MATERIA DE DESPIDO POR CAUSAS OBJETIVAS** contra la empresa [NOMBRE_EMPRESA], dedicada a la actividad de [ACTIVIDAD_EMPRESA], provista de CIF [CIF], y con domicilio social en [DOMICILIO_SOCIAL].

La solicitud se basa en los siguientes,

HECHOS

PRIMERO.- En fecha [DÍA] de [MES] de [AÑO], fui contratado por la empresa [NOMBRE_EMPRESA], iniciando en esa misma fecha, una relación laboral mediante contrato de trabajo [ESPECIFICAR], en el grupo profesional [GRUPO_PROFESIONAL].

El convenio colectivo de aplicación es el de [CONVENIO_COLECTIVO_APLICABLE], de la Comunidad Autónoma de [COMUNIDAD_AUTÓNOMA].

SEGUNDO.- El cometido propio de la actividad que he venido desarrollando ininterrumpidamente es la de [FUNCIONES_TRABAJADOR], percibiendo por tales cometidos, como contraprestación, la cantidad de [CANTIDAD] euros brutos mensuales con prorrateo de pagas extras.

Mi jornada laboral ha sido desde el inicio de la relación de [CANTIDAD] horas semanales, trabajadas de [HORA] a [HORA].

TERCERO.- No ostento la condición de representante legal de trabajadores ni pertenezco a sindicato alguno.

CUARTO.- Con fecha [DÍA] de [MES] de [AÑO], D./D.ª [NOMBRE], en representación de la empresa [NOMBRE_EMPRESA], me ha notificado por escrito que, con efectos de dicha fecha procedía a extinguir mi relación laboral por causas objetivas en base al art. 52.c) del Texto Refundido del Estatuto de Trabajadores, aprobado por Real Decreto Legislativo 2/2015, de 23 de octubre, justificándolo en [DESCRIPCIÓN]. **(2)**

QUINTO.- La empresa, al momento de la entrega de la comunicación escrita de la extinción de mi contrato de trabajo, puso a mi disposición la indemnización en la cuantía legalmente prevista en el art. 53.1.b) del Estatuto de Trabajadores **(3)**, aceptando la misma por mi parte, en virtud de lo dispuesto en el art. 121.2 de la Ley 36/2011, de 10 de octubre, reguladora de la jurisdicción social, donde se establece que la percepción por el trabajador de la indemnización ofrecida por el empresario no supone una conformidad con la decisión empresarial.

SEXTO.- Muestro mi disconformidad con la medida adoptada, ya que carecen de todo fundamento las causas alegadas como justificativas de la extinción de mi contrato de trabajo, toda vez que [DESCRIPCIÓN], lo que implica la improcedencia del despido realizado, con derecho a la pertinente indemnización.

SÉPTIMO.- El compareciente no ostenta ni ha ostentado, en el año inmediatamente anterior a la sanción, la condición de Delegado de Personal o miembro del Comité de Empresa.

Por lo expuesto,

SOLICITO AL SMAC:

Que teniendo por presentada esta papeleta de conciliación, por extinción del contrato por causas objetivas, cite en legal forma a la empresa [NOMBRE_EMPRESA] en la persona de su legal representante o persona autorizada en derecho, al objeto de que en la preceptiva conciliación se avenga en reconocer la improcedencia del despido de acuerdo con el artículo 56 del Estatuto de los Trabajadores, y en caso de incomparecencia de la otra parte, se tenga a la empresa demandada por no comparecida a los efectos legales previstos en los artículos 66.3 de la Ley 36/2011, de 10 de octubre, reguladora de la jurisdicción social.

En [LOCALIDAD], a [DÍA] de [MES] de [AÑO].

[FIRMA]

---

(1) A efectos de ulteriores actuaciones judiciales, las partes que hayan comparecido sin profesionales designados deberán aportar su número de teléfono, dirección de correo electrónico o cualquier otro medio idóneo que permita su comunicación telemática, realizándose las notificaciones desde ese momento en la dirección telemática facilitada, siempre que se cumplan los requisitos establecidos de la Ley que regule el uso de las tecnologías de la información y la comunicación en la Administración de Justicia (art. 66.1 de la LRJS, con efectos de 20/03/2024).

(2) El contrato podrá extinguirse por causas objetivas cuando concurra alguna de las causas previstas en el art. 51.1 de ET [a) ineptitud del trabajador conocida o sobrevenida con posterioridad a su colocación efectiva en la empresa; b) falta de adaptación del trabajador a las modificaciones técnicas operadas en su puesto de trabajo; c) concurrencia de causas económicas, técnicas, organizativas y de producción; d) falta de consignación presupuestaria] y la extinción afecte a un número inferior al establecido en el mismo.

(3) La extinción por causas objetivas exige la observancia de los requisitos de forma establecidos en el art. 53 del ET: a) comunicación escrita al trabajador expresando la causa; b) poner a disposición del trabajador, simultáneamente a la entrega de la comunicación escrita, la indemnización de veinte días por año de servicio, prorrateándose por meses los periodos de tiempo inferiores a un año y con un máximo de doce mensualidades; c) concesión de un plazo de preaviso de quince días.

Formulario de papeleta de conciliación ante el SMAC sobre extinción del contrato por voluntad del trabajador ante algún incumplimiento del empresario

La letra b) del art. 50 del Estatuto de los Trabajadores establece que procederá la extinción del contrato a instancias del trabajador por retrasos en el pago de salarios o cualquier otro incumplimiento grave del empleador. En estos supuestos, el trabajador tendrá derecho a las indemnizaciones señaladas para el despido improcedente, es decir, 33 días de salario por año de servicio, prorrateándose por meses los periodos de tiempo inferiores al año, y hasta un máximo de 24 mensualidades.

La presentación de la solicitud de conciliación suspenderá los plazos de caducidad e interrumpirá los de prescripción. El cómputo de la caducidad se reanudará al día siguiente de intentada la conciliación o transcurridos quince días desde su presentación sin que se haya celebrado.

En todo caso, transcurridos treinta días sin celebrarse el acto de conciliación se tendrá por terminado el procedimiento y cumplido el trámite.

En caso de demanda posterior, el procedimiento será urgente y se le dará tramitación preferente (art. 103 de la LRJS, con efectos de 20/03/2024).

AL SERVICIO DE MEDIACIÓN, ARBITRAJE Y CONCILIACIÓN DE [LUGAR] (1)

D./D.ª [NOMBRE_TRABAJADOR_A], DNI [DNI_TRABAJADOR], con domicilio a efectos de notificación en [DOMICILIO_TRABAJADOR], número de teléfono [NÚMERO] y dirección de correo electrónico [E_MAIL] (2), ante el Servicio de Mediación, Arbitraje y Conciliación de [PROVINCIA], comparezco y

DIGO

Que por el presente viene a solicitar la celebración de acto de conciliación en materia de **EXTINCIÓN por** [ESPECIFICAR] con la empresa [NOMBRE_EMPRESA] (3) dedicada a [ACTIVIDAD_EMPRESA] con domicilio social en [DOMICILIO_SOCIAL], en base a los siguientes,

HECHOS (4)

PRIMERO.- Que el solicitante viene prestando sus servicios por cuenta de la mercantil desde el [DÍA] de [MES] de [AÑO] con el grupo profesional [GRUPO_PROFESIONAL] y salario mensual de [CANTIDAD] euros, con inclusión de pagas extras, en el centro de trabajo de [LUGAR_CENTRO_TRABAJO], siéndole de aplicación el convenio de [CONVENIO_COLECTIVO_APLICABLE].

SEGUNDO.- Que la empresa [NOMBRE_EMPRESA], ha incumplido sus obligaciones al [ESPECIFICAR] en base a las siguientes circunstancias [DESCRIPCIÓN] (5).

TERCERO.- Que en la citada empresa prestan servicios [NÚMERO] trabajadores y que el solicitante no ostenta la condición de representante de los trabajadores.

Por lo expuesto,

SOLICITO: (6)

Que teniendo por presentado este escrito, se sirva admitirlo y a su vista tener por solicitada la celebración de acto de conciliación, citando a las partes, a fin de que la empresa [NOMBRE_EMPRESA] se avenga a reconocer la extinción de la relación laboral, con abono de la correspondiente indemnización de acuerdo con lo señalado en el artículo 56 del Estatuto de los Trabajadores. **(6)**

En [LOCALIDAD], a [DÍA] de [MES] de [AÑO].

[FIRMA]

---

(1) Designar el órgano administrativo (o, en su caso, convencional) con funciones conciliadoras, al que se dirige el escrito.

(2) A efectos de ulteriores actuaciones judiciales, las partes que hayan comparecido sin profesionales designados deberán aportar su número de teléfono, dirección de correo electrónico o cualquier otro medio idóneo que permita su comunicación telemática, realizándose las notificaciones desde ese momento en la dirección telemática facilitada, siempre que se cumplan los requisitos establecidos de la Ley que regule el uso de las tecnologías de la información y la comunicación en la Administración de Justicia (art. 66.1 de la LRJS, con efectos de 20/03/2024).

(3) Identificar con exactitud las partes interesadas (futuros demandados).

(4) Es el «Cuerpo expositivo» de la papeleta, en la que debe especificarse los hechos concretos sobre los que versa la pretensión de forma clara y concisa. Es conveniente redactarlos en párrafos separados y numerados.

(5) Serán causas justas para que el trabajador pueda solicitar la extinción del contrato: «a) las modificaciones sustanciales en las condiciones de trabajo llevadas a cabo sin respetar lo previsto en el artículo 41 y que redunden en menoscabo de la dignidad del trabajador; b) la falta de pago o retrasos continuados en el abono del salario pactado; c) cualquier otro incumplimiento grave de sus obligaciones por parte del empresario, salvo los supuestos de fuerza mayor, así como la negativa del mismo a reintegrar al trabajador en sus anteriores condiciones de trabajo en los supuestos previstos en los artículos 40 y 41, cuando una sentencia judicial haya declarado los mismos injustificados. En tales casos, el trabajador tendrá derecho a las indemnizaciones señaladas para el despido improcedente» (art. 50 del Estatuto de los Trabajadores).

(6) En estos casos, el trabajador tendrá derecho a las indemnizaciones señaladas para el despido improcedente (art. 50.2 del ET).

Formulario de papeleta de conciliación ante el SMAC para la impugnación de sanción laboral al trabajador (modelo genérico)

La valoración de las faltas y las correspondientes sanciones impuestas por la dirección de la empresa serán siempre revisables ante la jurisdicción competente. El trabajador podrá impugnar la sanción que le hubiere sido impuesta mediante demanda, correspondiendo al empresario probar la realidad de los hechos imputados.

El intento de conciliación extrajudicial será requisito previo para a impugnación de sanciones por parte de los trabajadores.

AL SERVICIO DE MEDIACIÓN ARBITRAJE Y CONCILIACIÓN DE [PROVINCIA]

D./D.ª [NOMBRE_PERSONA_TRABAJADORA] de profesión [PROFESIÓN] con domicilio a efectos de notificación en [DOMICILIO_TRABAJADOR], titular del DNI. n.º [NÚMERO] y afiliado a la Seguridad Social con el n.º [NÚM_SEG_SOCIAL], ante ese servicio comparece y, como mejor proceda en derecho,

DIGO

Que por el presente viene a solicitar la celebración de acto de conciliación, de conformidad con el artículo 63 de la Ley 36/2011, de 10 de octubre, reguladora de la jurisdicción social, en materia de **IMPUGNACIÓN DE SANCIÓN (1)** impuesta por la empresa [NOMBRE_EMPRESA], dedicada a [ACTIVIDAD_EMPRESA], con domicilio social en [DOMICILIO_SOCIAL] y CIF [CIF], en base a los siguientes.

HECHOS

PRIMERO.- Que el solicitante viene prestando sus servicios por cuenta de la mercantil desde el [DÍA] de [MES] de [AÑO] con el grupo de [GRUPO_PROFESIONAL] y salario mensual de [CANTIDAD] euros, con inclusión de pagas extras, en el centro de trabajo de [LUGAR_CENTRO_TRABAJO], siéndole de aplicación el convenio de [CONVENIO_COLECTIVO_APLICABLE].

SEGUNDO.- Que la empresa [NOMBRE_EMPRESA] — con efectos de [FECHA] (2) — me ha impuesto una sanción por una supuesta comisión de falta [LEVE/GRAVE/MUY GRAVE], al amparo del art. [NÚM_ART.] del convenio colectivo de [CONVENIO_COLECTIVO] en base a las siguientes circunstancias: [ESPECIFICAR] y que implica una sanción consistente en [DESCRIPCIÓN].

TERCERO.- Que los hechos que se me imputan no son correctos porque [DESCRIPCIÓN].

CUARTO.- Que el solicitante [SI/NO] ostenta la condición de representante de los trabajadores. (3)

En su virtud,

SOLICITO:

Que teniendo por presentado este escrito, se sirva admitirlo y a su vista tener por solicitada la celebración de acto de conciliación, citando a las partes, a fin de que la empresa [NOMBRE_EMPRESA] se avenga a retractar de la sanción impuesta.

En [PROVINCIA], a [DÍA] de [MES] de [AÑO].

[FIRMA]

---

(1) Las empresas podrán sancionar los incumplimientos laborales de los trabajadores de conformidad a la graduación de las faltas y sanciones que se establezca para cada caso en el convenio colectivo aplicable como faltas leves, graves y muy graves. La valoración de las faltas y las correspondientes sanciones impuestas por la dirección de la empresa serán siempre revisables ante la jurisdicción social. El trabajador podrá impugnar la sanción que le hubiere sido impuesta mediante demanda, correspondiendo al empresario probar la realidad de los hechos imputados, este tipo de procedimiento es una modalidad específica regulado en los arts. 114 y 115 de la LRJS.

(2) El art. 60.2 del ET, respecto a la prescripción de las faltas de los trabajadores, establece «(...) las faltas leves prescribirán a los diez días; las graves, a los veinte días, y las muy graves, a los sesenta días a partir de la fecha en que la empresa tuvo conocimiento de su comisión y, en todo caso, a los seis meses de haberse cometido». Diferenciamos una doble prescripción, por un lado la «prescripción corta» que es la relacionada con las faltas leves y graves y la denominada como «prescripción larga» para las faltas muy graves. (ATS, rec. 633/2009, de 14 de enero de 2010, ECLI:ES:TS:2010:1458A).

(3) Art. 114.2 de la LRJS: «En los procesos de impugnación de sanciones por faltas graves o muy graves a los trabajadores que ostenten la condición de representante legal o sindical, la parte demandada habrá de aportar el expediente contradictorio legalmente establecido».

Modelo genérico de desistimiento por parte del trabajador ante el SMAC

El solicitante de conciliación ante el Servicio de Mediación, Arbitraje y Conciliación (SMAC), puede desistir de su solicitud en cualquier momento del procedimiento mediante cualquier medio válido en derecho. De suceder esto el procedimiento se declarará concluso y se producirá el archivo de las actuaciones realizadas.

AL SERVICIO DE CONCILIACIÓN Y MEDIACIÓN DE [PROVINCIA] **(1)**

PETICIÓN DESISTIMIENTO PROCEDIMIENTO [NÚMERO]

Solicitante: D./D.ª [NOMBRE] **(2)**.

Expediente n.º: [NUMERO].

Parte actora: D./D.ª [NOMBRE].

Parte demandada: D./D.ª [NOMBRE].

Objeto de reclamación: [DESCRIPCIÓN].

Fecha de la conciliación: [FECHA].Lugar: [PROVINCIA]/[CIUDAD].

D./D.ª [NOMBRE], con DNI [NÚMERO], en calidad de trabajador/a de la empresa [DENOMINACIÓN SOCIAL], en su condición de reclamante en el expediente de conciliación de referencia, **DECLARO MI VOLUNTAD DE DESISTIMIENTO A LA TRAMITACIÓN DEL EXPEDIENTE DE CONCILIACIÓN EN EL QUE EJERCITO LA ACCIÓN DE** [ESPECIFICAR], cuya celebración estaba prevista para el día [FECHA], de conformidad con el artículo 94 de la Ley 39/2015, de 1 de octubre, del Procedimiento Administrativo Común de las Administraciones Públicas.

En [PROVINCIA], a [FECHA].

[FIRMA]

Firma del solicitante

---

(1) Designar el órgano administrativo (o, en su caso, convencional) con funciones conciliadoras al que se dirige el escrito.

(2) Si el escrito de iniciación se hubiera formulado por dos o más interesados, el desistimiento o la renuncia sólo afectará a aquellos que la hubiesen formulado.

Escrito comunicando la imposibilidad de aportar acta de conciliación en el orden social (falta de citación para acto de conciliación o citación defectuosa)

A la demanda se acompañará la documentación justificativa de haber intentado la previa conciliación o mediación, o de haber transcurrido el plazo exigible para su realización sin que se hubiesen celebrado, o del agotamiento de la vía administrativa, cuando proceda, o alegación de no ser necesarias estas, así como los restantes documentos de aportación preceptiva con la demanda según la modalidad procesal aplicable.

Del resultado del acto de conciliación ha de levantarse la correspondiente acta, que deberá ser firmada por los asistentes y copia de la cual se entregará a las partes. El presente modelo permite la comunicación al juzgado o sala de la imposibilidad de aportar el acta de conciliación por no haber sido citada la parte a dicho acto (arts. 63 y 80 de la LRJS).

Procedimiento/autos: [NÚMERO]

AL JUZGADO DE LO SOCIAL NÚMERO [NÚMERO] DE [LOCALIDAD] (1)

D./D.ª [NOMBRE_LETRADO], en nombre y representación de D./D.ª [NOMBRE_CLIENTE], que ostento en los autos arriba referenciados con domicilio a efectos de notificaciones en calidad de parte actora en el procedimiento n.º [NÚMERO], ante ese juzgado comparece y como mejor proceda en derecho,

DIGO

Que, mediante este escrito, y con la finalidad de dar por cumplido el requisito establecido en el art. 80.3 de la LRJS (1), se comunica al juzgado que, pese a que esta parte interpuso la correspondiente papeleta de conciliación ante el SMAC de la provincia de [PROVINCIA] en fecha [FECHA], **no ha sido citada al acto de conciliación hasta el momento, por lo que ha sido imposible comparecer en tiempo y forma.**

Como justificación de lo anterior se adjuntan copia acreditativa de la presentación de la papeleta de conciliación y certificado emitido por el SMAC en la que consta que no se ha producido la citación de esta parte.

Por lo expuesto,

SOLICITO AL JUZGADO: (1)

Que teniendo por presentado este escrito, se sirva admitirlo y tenga por manifestado lo que en él se especifica a los efectos legales oportunos.

En [LOCALIDAD] a [DÍA] de [MES] de [AÑO].

[FIRMA]

(1) Por la reforma realizada por la LO 1/2025, de 2 de enero, una vez implantados de forma efectiva los tribunales de instancia (D.T. 1.ª), todas las referencias realizadas a los juzgados unipersonales se entenderán realizadas a las secciones del orden jurisdiccional correspondiente de los tribunales de instancia.

(2) Se establece la necesidad de acompañar a la demanda presentada de la «documentación justificativa de haber intentado la previa conciliación o mediación, o de haber transcurrido el plazo exigible para su realización sin que se hubiesen celebrado, o del agotamiento de la vía administrativa, cuando proceda, o alegación de no ser necesarias éstas, así como los restantes documentos de aportación preceptiva con la demanda según la modalidad procesal aplicable».

Escrito de subsanación de defectos por falta de certificación del acto de conciliación en el orden social

Si a la demanda no se acompañara certificación del acto de conciliación o mediación previa, o de la papeleta de conciliación o de la solicitud de mediación, de no haberse celebrado en plazo legal, el letrado o letrada de la Administración de Justicia, sin perjuicio de resolver sobre la admisión y proceder al señalamiento, advertirá al demandante que ha de acreditar la celebración o el intento del expresado acto en el plazo de quince días, contados a partir del día siguiente a la recepción de la notificación, con apercibimiento de archivo de las actuaciones en caso contrario, quedando sin efecto el señalamiento efectuado (art. 81.3 de la LRJS).

N.º autos/procedimiento:

AL JUZGADO DE LO SOCIAL [PROVINCIA] NÚMERO [NÚMERO] (1)

D./D.ª [NOMBRE_LETRADO], con n.º de colegiado, en nombre y representación de [TRABAJADOR_A], representación que ostento en los autos arriba referenciados y como demandante en el procedimiento número [NÚM_PROCEDIMIENTO], seguido contra la empresa [NOMBRE_EMPRESA] sobre [ESPECIFICAR], ante este juzgado comparezco, y como mejor proceda en derecho,

DIGO

PRIMERO.- En fecha [DÍA] de [MES] de [AÑO], me fue notificada la diligencia de ordenación de fecha [DÍA] de [MES] de [AÑO], en la que se concedía a esta parte el plazo de quince días **(2)** para acreditar en forma la celebración (o el intento de celebración) del acto de conciliación ante el Servicio de Mediación Arbitraje y Conciliación, bajo apercibimiento de archivo de las actuaciones en caso contrario, de acuerdo con lo estipulado en el artículo 81.3 de la Ley de la Jurisdicción Social.

SEGUNDO.- Haciendo uso de dicho plazo, por la presente, paso a acreditar la celebración del preceptivo acto de conciliación, aportando certificación del acta y sus respectivas copias.

Por lo expuesto,

SOLICITO AL JUZGADO: (1)

Que tenga por presentado en tiempo y forma el presente escrito con sus copias, y por subsanado el trámite, lo admita y se acuerde señalar día y hora para, previa citación de las partes interesadas, celebrar los actos e intento de conciliación y, en su caso, juicio, dictándose en su día sentencia con estimación íntegra de la demanda presentada.

En [PROVINCIA], a [DÍA] de [MES] de [AÑO].

[FIRMA]

(1) Por la reforma realizada por la LO 1/2025, de 2 de enero, una vez implantados de forma efectiva los tribunales de instancia (D.T. 1.ª), todas las referencias realizadas a los juzgados unipersonales se entenderán realizadas a las secciones del orden jurisdiccional correspondiente de los tribunales de instancia.

(2) Contados a partir del día siguiente a la recepción de la notificación.

Demanda de ejecución de lo acordado en conciliación previa extrajudicial laboral

Lo acordado en conciliación o en mediación constituirá título para iniciar acciones ejecutivas sin necesidad de ratificación ante el juez o tribunal, y podrá llevarse a efecto por los trámites previstos en el Libro Cuarto de La Ley de Jurisdicción Social (art. 68 de la LRJS).

AL JUZGADO DE LO SOCIAL QUE POR TURNO CORRESPONDA (1)

D./D.ª [NOMBRE_TRABAJADOR_A], DNI [DNI_TRABAJADOR], con domicilio a efectos de notificación en [DOMICILIO_TRABAJADOR], número de teléfono [NÚMERO] y dirección de correo electrónico [E_MAIL], ante este juzgado de lo social comparezco y, como mejor proceda en derecho,

DIGO

Que por medio del presente escrito vengo a formular **DEMANDA DE EJECUCIÓN DE ACTA DE CONCILIACIÓN,** de fecha [FECHA], por incumplimiento de acuerdo ante el SMAC contra la sociedad mercantil [NOMBRE_EMPRESA], con domicilio en [DOMICILIO_SOCIAL] con base en los siguientes,

HECHOS

I.- Con fecha [DIA] de [MES] de [AÑO] se celebró ante el SMAC de [LOCALIDAD] acto de conciliación en el que la mercantil demandada [NOMBRE_EMPRESA] reconoce la improcedencia de mi despido, y se obligó a abonarme la cantidad de [CANTIDAD] euros, en concepto de indemnización, saldo y finiquito de la relación laboral que me vinculaba a dicha empresa.

Se acompaña como documento número 1 el acta de conciliación formalizada con resultado de avenencia de fecha [DÍA] de [MES] de [AÑO] (expediente n.º: [NÚM_EXPEDIENTE]) (2).

II.- Hasta el momento no he recibido cantidad alguna (3).

III.- El comportamiento empresarial descrito supone el incumplimiento por parte de [NOMBRE_EMPRESA] de las condiciones recogidas en la referida acta de conciliación.

IV.- La cantidad por la que se solicita la ejecución, sin perjuicio de posterior liquidación, asciende a un total de:

– En concepto de principal: [CANTIDAD] euros.

– Por intereses y costas: [CANTIDAD] euros.

– TOTAL: [CANTIDAD] euros.

V.- A las cantidades anteriores han de sumarse intereses devengados conforme al art. 29.3 del ET y al art. 251 de la LRJS, desde la fecha de presentación de la papeleta de conciliación hasta la interposición de la demanda de ejecución, por importe de [CANTIDAD] euros.

A lo anterior se aplicarán los siguientes,

FUNDAMENTOS DE DERECHO

PRIMERO.- JURISDICCIÓN Y COMPETENCIA

Arts. 2, 6, 68 y 237 y ss. de la Ley 36/2011, de 10 de octubre, reguladora de la jurisdicción social.

SEGUNDO.- LEGITIMACIÓN

Arts. 1, 239 y 240 de la LRJS y 538 LEC. Son parte en el proceso de ejecución la persona o personas que piden y obtienen el despacho de la ejecución y la persona o personas frente a las que ésta se despacha.

TERCERO.- PROCEDIMIENTO

Art. 239 y ss. de la Ley 36/2011, de 10 de octubre, reguladora de la jurisdicción social, en cuanto a «Podrá ejecutarse parcialmente la sentencia, aunque se hubiere interpuesto recurso contra ella, respecto de los pronunciamientos de la misma que no hubieren sido impugnados».

Subsidiariamente la LEC.

CUARTO.- DETERMINACIÓN CUANTÍA

Art. 192 de la LRJS, en cuanto a la cuantía es la cantidad de [CUANTÍA EUROS ACUERDO].

QUINTO.- INTERESES DE DEMORA

Art. 251 de la Ley 36/2011, de 10 de octubre, reguladora de la jurisdicción social.

Por lo expuesto,

SUPLICO AL JUZGADO: (1)

Que teniendo por recibido el presente escrito con sus copias y por hechas las manifestaciones que en él se contienen, acuerde la **EJECUCIÓN DE LO CONTENIDO EN EL ACTA DE CONCILIACIÓN**, citando a la empresa y requiriendo a la misma a que cumpla con lo acordado ante el SMAC.

Es justicia que pido en [LOCALIDAD], a [DÍA] de [MES] de [AÑO].

[FIRMA]

---

(1) Por la reforma realizada por la LO 1/2025, de 2 de enero, una vez implantados de forma efectiva los tribunales de instancia (D.T. 1.ª), todas las referencias realizadas a los juzgados unipersonales se entenderán realizadas a las secciones del orden jurisdiccional correspondiente de los tribunales de instancia.

(2) El plazo de solicitud, para las prestaciones del fondo, será de un año contado desde la fecha del acto de conciliación, sentencia, resolución de la autoridad laboral o resolución judicial complementaria (interrumpido por el ejercicio de las acciones ejecutivas o de reconocimiento de los créditos en el procedimiento concursal, así como por las restantes formas admitidas en derecho).

(3) En caso de haberse establecido un calendario de pago consignarlo. A modo de ej.: «Según se detalla en dicha acta de conciliación, la demandada se obligó a abonarme la cantidad señalada según el siguiente calendario de pago y de la forma que se detalla a continuación: [RELATAR]».

Demanda de impugnación de lo acordado en conciliación judicial en el orden social

La acción para impugnar la validez de la conciliación se ejercitará ante el mismo juzgado o tribunal al que hubiera correspondido la demanda, por los trámites y con los recursos establecidos en esta ley.

La acción caducará a los treinta días de la fecha de su celebración.

Para los terceros perjudicados el plazo contará desde que pudieran haber conocido el acuerdo.

Las partes podrán ejercitar la acción de nulidad por las causas que invalidan los contratos y la impugnación por los posibles terceros perjudicados podrá fundamentarse en ilegalidad o lesividad (arts. 84.6 y 67.1 de la LRJS).

Autos:

AL JUZGADO DE LO SOCIAL NÚMERO [NÚMERO] **DE** [LOCALIDAD] **(1)**

D./D.ª [NOMBRE_ABOGADO_CLIENTE], con domicilio en [LOCALIDAD], demandante en los presentes autos, instados por D./D.ª [NOMBRE_CLIENTE] contra D./D.ª [NOMBRE_PARTE_CONTRARIA] sobre [ESPECIFICAR], comparezco y, como mejor proceda en derecho,

DIGO

Por medio del presente escrito, vengo a entablar acción de **IMPUGNACIÓN DEL ACTO DE CONCILIACIÓN PREVIO AL ACTO DEL JUICIO**, al amparo del artículo 84.6 de la Ley 36/2011, de 10 de octubre, reguladora de la jurisdicción social, con base en los siguientes,

HECHOS

I.- Que en fecha [FECHA], fui [ESPECIFICAR] por la parte demandada D./D.ª [NOMBRE_PARTE_CONTRARIA], fundando tal actuación en [DESCRIPCIÓN].

II.- Que presentada papeleta para la realización del preceptivo acto de conciliación administrativa previa a la vía judicial, la misma se celebró el día [FECHA], finalizando la misma con el resultado «sin avenencia».

III.- Que instada acción por [ESPECIFICAR] ante este juzgado, correspondió conocer de la misma, citando el mismo para conciliación y juicio a las partes el día [FECHA] a las [HORA].

IV.- Que la conciliación judicial se celebró alcanzándose el siguiente acuerdo: [DESCRIPCIÓN].

V.- Que al amparo de los arts. 84.6 y 67.1 de la LRJS, el acuerdo de conciliación o de mediación podrá ser impugnado por las partes y por quienes pudieran sufrir perjuicio por aquel, ante el juzgado o tribunal al que hubiera correspondido el conocimiento del asunto objeto de la conciliación o de la mediación, mediante el ejercicio por las partes de la acción de nulidad por las causas que invalidan los contratos o por los posibles perjudicados con fundamento en su ilegalidad o lesividad.

VI.- Que el acuerdo alcanzado en conciliación judicial, conforme al artículo 84.1 de la LRJS, lesiona gravemente los intereses de esta parte por [DESCRIPCIÓN] (2).

VII.- Que no han transcurrido más de treinta días desde la fecha de celebración de la conciliación judicial (3).

A los citados hechos son de aplicación los siguientes,

FUNDAMENTOS DE DERECHO

PRIMERO.- COMPETENCIA Y JURISDICCIÓN

Los artículos 1, 2, 6, 10.2 y 84.6 de la Ley 36/2011, de 10 de octubre, reguladora de la jurisdicción social, siendo competente dicho Juzgado de lo Social en razón de la materia y territorio.

SEGUNDO.- LEGITIMACIÓN Y CAPACIDAD

Las partes están legitimadas en virtud del art. 16 de la LRJS.

TERCERO.- PROCEDIMIENTO

Son de aplicación los arts. 84.6 y 67.1 de la LRJS, donde se especifica que el acuerdo de conciliación o de mediación podrá ser impugnado por las partes y por quienes pudieran sufrir perjuicio por aquél, ante el juzgado o tribunal al que hubiera correspondido el conocimiento del asunto objeto de la conciliación o de la mediación, mediante el ejercicio por las partes de la acción de nulidad por las causas que invalidan los contratos o por los posibles perjudicados con fundamento en su ilegalidad o lesividad.

CUARTO.- FONDO DEL ASUNTO

Arts. 1261 y ss. del Código Civil, por regular los requisitos esenciales para la validez de los contratos.

[ESPECIFICAR].

Por todo lo expuesto,

SOLICITO AL JUZGADO: (1)

Que tenga por presentado este escrito con sus copias, se sirva admitirlo y tras los trámites oportunos, cite a las partes al acto del juicio, y dictando posteriormente sentencia en la cual se declare la nulidad y deje sin efecto lo acordado en la referida conciliación judicial (autos n.º [NÚMERO]).

Es justicia que pido en [LOCALIDAD] a [DÍA] de [MES] de [AÑO].

[FIRMA]

---

(1) Por la reforma realizada por la LO 1/2025, de 2 de enero, una vez implantados de forma efectiva los tribunales de instancia (D.T. 1.ª), todas las referencias realizadas a los juzgados unipersonales se entenderán realizadas a las secciones del orden jurisdiccional correspondiente de los tribunales de instancia.

(2) Consignar los hechos que han dado lugar a la impugnación. Las partes podrán ejercitar la acción de nulidad por las causas que invalidan los contratos y la impugnación por los posibles terceros perjudicados podrá fundamentarse en ilegalidad o lesividad.

(3) La acción caducará a los treinta días de la fecha de su celebración.

Modelo de apoderamiento mediante documento privado para representación del trabajador ante el SMAC

La representación en un acto de conciliación ante el Servicio de Mediación, Arbitraje y Conciliación (SMAC), por parte de un/una trabajador/a puede realizarse mediante:

Poder notarial.

Poder «apud acta», otorgado mediante comparecencia ante cualquier unidad administrativa de Mediación, Arbitraje y Conciliación.

Documento privado de apoderamiento, como se indica en el vigente Real Decreto 2756/1979, de 23 de noviembre, en consonancia con los arts. 5 y 6 de la Ley 39/2015, de 1 de octubre.

Con ayuda del siguiente modelo, el trabajador podrá otorgar apoderamiento para ser representado ante el Servicio de Mediación, Arbitraje y Conciliación mediante documento privado.

APODERAMIENTO MEDIANTE DOCUMENTO PRIVADO PARA REPRESENTACIÓN DEL TRABAJADOR/A D./D.ª [NOMBRE_TRABAJADOR] ANTE EL SERVICIO DE MEDIACIÓN Y CONCILIACIÓN DE [LOCALIDAD]

Expediente N.º: [NUMERO].

Parte actora: [NOMBRE].

Parte demandada: [NOMBRE].

Objeto de reclamación: [DESCRIPCIÓN].

Fecha de la conciliación: [FECHA].

Lugar: [PROVINCIA] /[LOCALIDAD].

D./D.ª [NOMBRE] con DNI [NÚMERO] en calidad de trabajador/a de la empresa [DENOMINACIÓN SOCIAL], en su condición de reclamante en el expediente de conciliación de referencia, y de conformidad con el artículo 9 del Real Decreto 2756/1979, de 23 de noviembre, por el que el Instituto de Mediación, Arbitraje y Conciliación en ejercicio de sus funciones.

OTORGA PODER SOLIDARIO

Para que la persona abajo citada me represente en el acto de conciliación señalado, transigiendo, pasando y estando en mi nombre a todo cuanto se manifieste en dicho acto y expresamente, acordando cantidades, pudiendo cobrar las mismas en su caso.

Apoderado que han aceptado el mandato

– D./D.ª [NOMBRE], con DNI [NÚMERO].

Lo que en prueba de conformidad firmo en [PROVINCIA] /[CIUDAD], a [FECHA].

[FIRMAS]